THE COASTGUARD'S HOUSE

LA CASA DEI DOGANIERI

Selected poems by

EUGENIO MONTALE

THE COASTGUARD'S HOUSE

English versions by

JEREMY REED

BLOODAXE BOOKS

ISBN: 1 85224 100 4

First published 1990 by
Bloodaxe Books Ltd,
P.O. Box 1SN,
Newcastle upon Tyne NE99 1SN.

Bloodaxe Books Ltd acknowledges
the financial assistance of Northern Arts.

Typesetting by Bryan Williamson, Darwen, Lancashire.

Printed in Great Britain by
Bell & Bain Limited, Glasgow, Scotland.

For my Mother
and
James Lasdun and Robin Robertson

CONTENTS

Introduction

I first read Montale's poems as a schoolboy, in the little magenta coloured book put out by Penguin in its Modern European Poets series. In as much as translation *signifies* rather than recreates by empathic collusion, I felt compelled by Montale's use of seascape, the hermetic voice which invoked the elusive you or other, the constellated beacons, lights and storm-flashes which blazed out of his dense imagery. But more than that, it was the universality of Montale's work, in strict contrast to the regional preoccupations of English poetry, which convinced me of his genius. Here was a tone, an imaginative tension, a resonance that moved from the physical, the rugged Ligurian coast, to the combative dimension – the turbulence of a century as it is read by the poet's concentrated subjectivity.

The often elegiac, and always deeply personal voice which runs through Montale's first three collections of poetry *Ossi di seppia* (1925), *Le occasioni* (1939), and *La bufera e altro* (1956), to be corrected by the more conversational tone of his work from *Satura* (1971), to the time of his death, is paralleled in part by Robert Lowell's career. Lowell too began writing a formal poetry, indigenous to his native Boston, and it was in part his translating Montale for his seminal book of recreations *Imitations*, that pointed the way forward for his own freer verse and the confessional voice which characterised his work from *Life Studies* to *Day By Day*. And it was through Lowell's brilliant imitations of Montale, poems which while remaining considerate to the original, take idiosyncratic liberties in language and the organisation of the poem, that I conceived a way of bringing my own poetic drive and obsessions to a Montale poem, and somehow working up a collaborative fluency in place of a translation.

Poets are too often worked dead by translation. The substitution of one language for another, the attempt to match word for word the creative potential of the original, which is animated by virtue of the imagination charging the language, is the perfect means to making a poet redundant in a foreign language. What Lowell staked out by his revolutionary transpositions of Baudelaire, Rilke, Montale, Pasternak, was a posterity in the English language for each of the poets to whom he applied his transformative empathy. If a poet is to live outside his culture, it can only be through a constantly updated language. Lowell has secured a future for his poets, and not a translator's sarcophagus.

Montale's originals present problems which translation cannot accommodate. What I have tried to achieve in this book is a series of poems in which the poet's intentions are placed within a context of late twentieth century values. I have tried everywhere to keep the poem alive for English readers at the expense of altering it to fit my needs. Some of my versions stay close to the original, but more often they are split-offs from Montale. His poems have generated independent satellites fuelled by the imagery and something of the dynamic of the original, while still maintaining a tense orbit around his centre.

Eugenio Montale was born on 12 October 1896, in Genoa, and died in 1982. He spent his childhood summers in the area of the Cinque Terre, a coastline which was to form the physical vertebrae of his best poetry. He worked variously as a journalist, translator, as director of the Vieusseux Library in Florence until relieved of that position by the Fascist government in 1938, and from 1946 onwards as regular contributor to the Milanese daily newspaper *Il Corriere della Sera*. But these are incidentals to the invincibly private and solitary voice that informs his poetry. Montale's non-public poetic front is by its reverse image one of the most universal expressions in contemporary literature. It is the internal anticipating the external crisis. Of that process, Montale writes:

> I have not been indifferent to what has happened in the last fifty years, but I cannot say that if things had been otherwise my poetry, too, would have changed much. An artist has within him a particular attitude towards life and a certain formal tendency to interpret it according to schemes of his own. External events are always more or less foreseen by the artist, but at the moment when they occur, they somehow cease to be interesting. Since I have felt completely out of harmony with the reality surrounding me ever since birth, this same disharmony was necessarily my source of inspiration.

Poems like 'The Coastguard's House', 'News from Mount Amiata', 'Arsenio' and 'The Eel' exemplify the lyric externalisation of a private mythology. What makes Montale and his European contemporaries so much greater than English language poets of this century, is in part a refusal to have poetry serve the place of social commentary. The greatness arrives from the imbalanced individual reading a corresponding flaw in the universe, and not attempting to fit neatly into an unobtrusive ideological hegemony. Poets have to be prepared to take the risks that astronauts do, and pursue experience on a vertical axis. The cosmic leaps taken by the imagination find their counterpart in quantum physics. And the poet as cosmonaut, as the maker of inner myth is kept alert by tension. Montale writes brilliantly of the individual crisis:

It is obvious that all real poetry is born from an individual crisis of which the poet may not even be aware. But rather than "crisis" (a word which has become suspect) I would prefer the term "dissatisfaction" – an internal void provisionally filled by the achievement of expression.

And characteristic of Montale too, is something of the Rilkean concept of patience, and of becoming. A commitment to inner truth and the distillation of that way of life through poetry, is not one calculated to assure immediate and transient fame. The latter concerns are almost invariably the gesture of the minor poet. Montale knows that the slow burning which is at the core of his best poems, is the blaze by which poetry lives.

> The history of poetry is also a history of works which are both great and free, whether or not it is committed in the sense required by the moment, poetry always finds its response. The mistake is to believe that the response must be immediate.

What first took me to Montale, the vitality of his imagery, something reinforced by my solitary upbringing on a sea coast, has deepened over the years into a reading of the experiental content within his poems; always elusive, always keeping fractionally wide of interpretation. Good poetry seems often to retain its secret, but to share enough of itself to have the enigmatic components serve as a challenge rather than a proscriptive complex. And the nature of Montale's obscurity is not one that lends itself to the dialectic of semantic or academic criticism, the ambiguity is rather the compulsion, the crisis, the carrying tone that takes the poem just beyond the swing where its trajectory should halt.

Without hesitation I would name Rilke, Montale and St-John Perse as the great poets of the twentieth century. The visionary ranging which they share across very specific private continents, following the spiral now in, now out, all of them to use Rilke's phrase, 'exposed on the peaks of the heart', is a journey that temporalises imaginative discoveries.

A Montale poem takes the reader where he hasn't been before; and this surely is the intention of poetry. It might be as in Dora Markus from a wooden jetty at Porto Corsini to a story of mistakes. It is always towards the high point where the unsayable attains expression. That place in which the storm 'greeted me to step off into the dark'.

Montale's free but controlled verse fits the shape of the century in which it is written. It is both rugged and tenuous like his eel: earthed and reaching for the elusive breaks. And Montale has no illusions about the place of the poet in contemporary society. 'Only

11

the isolated communicate. The others – the men of mass communication – repeat, echo, vulgarise the words of the poets. And although these are not words of faith today, they might well become so in the future.'

The responsibility of the poet towards truth remains for me not a lost ideal, but a vital function. And isolation – why does a poet want social approbation? – is the natural accompaniment to those who wish freedom in which to create.

Italian readers have Montale complete. This selection relies largely on the lyric power of his first three books of poetry, their preoccupations and tone being discontinuous from the more prosaic nature of *Satura* and *Diario del '71 e del '72* and *Quaderno di quattro anni*. That Montale received the Nobel Prize in 1975 is confirmation that lyric poetry attached to no demonstrative ideology, no declamatory social injustice, but written by the individual in response to universal themes, is still the highest form of poetic expression.

JEREMY REED

Acknowledgements

Montale's poems are reprinted from *L'Opera in versi*, edited by Rosanna Bettarini and Gianfranco Contini (Giulio Einaudi editore, Torino, 1980), by kind permission of Arnoldo Mondadori Editore and the Montale Estate. The Montale extracts in my introduction are taken from *Poet In Our Time*, translated by G. Singh (Marion Boyars, 1976). Some of my versions were first published in my *Selected Poems* (Penguin Books, 1987) and have since been substantially revised.

I would like to thank the publisher's reader Hugh Shankland for his painstaking reading of this book and for his invaluable suggestions and comments.

CUTTLEFISH BONES

OSSI DI SEPPIA

1920-1927

Da MOVIMENTI

Godi se il vento ch'entra nel pomario
vi rimena l'ondata della vita:
qui dove affonda un morto
viluppo di memorie,
orto non era, ma reliquiario.

Il frullo che tu senti non è un volo,
ma il commuoversi dell'eterno grembo;
vedi che si trasforma questo lembo
di terra solitario in un crogiulo.

Un rovello è di qua dall'erto muro.
Se procedi t'imbatti
tu forse nel fantasma che ti salva:
si compongono qui le storie, gli atti
scancellati pel giuoco del futuro.

Cerca una maglia rotta nella rete
che ci stringe, tu balza fuori, fuggi!
Va, per te l'ho pregato, – ora la sete
mi sarà lieve, meno acre la ruggine...

From MOVEMENTS

Be glad if the wind frisking the orchard
re-fires in you the need to live:
here, where a burnt-out circuit
of memories sinks,
was not a garden, but a burial-pit.

The throbbing you hear isn't flight,
but a tremor from the earth's core;
see how this solitary spit of land
flares into a crucible.

A blaze rages on the wall's nearer side.
If you go on, you will come,
perhaps, across the presence who saves.
It's here narratives are composed, and acts
deleted by the future.

If there's a loophole in the net,
accept that one blinding exit.
I ask this of you, go, for then my thirst
will lack the sharp corrosiveness of rust...

Corno inglese

Il vento che stasera suona attento
– ricorda un forte scotere di lame –
gli strumenti dei fitti alberi e spazza
l'orizzonte di rame
dove strisce di luce si protendono
come aquiloni al cielo che rimbomba
(Nuvole in viaggio, chiari
reami di lassù! D'alti Eldoradi
malchiuse porte!)
e il mare che scaglia a scaglia,
livido, muta colore,
lancia a terra una tromba
di schiume intorte;
il vento che nasce e muore
nell'ora che lenta s'annera
suonasse te pure stasera
scordato strumento,
cuore.

Cor Anglais

The wind alertly alive this evening,
resounds with the loud clash of metal sheets
as trees interlock, and a coppery
horizon's streaked with light-streamers
gone up like a sky full of kites,
while thunder illuminates clouds
to sublime El Dorados, gold
interiors. And the sea, scale after scale,
throws up on the shore, a horn-shaped
spiral of foam; and the wind
that gusts and dies in this blackening hour,
would also play you tonight,
an out of tune instrument
beached by the gale.

Falsetto

Esterina, i vent'anni ti minacciano,
grigorosea nube
che a poco a poco in sé ti chiude.
Ciò intendi e non paventi.
Sommersa ti vedremo
nella fumea che il vento
lacera o addensa, violento.
Poi dal fiotto di cenere uscirai
adusta più che mai,
proteso a un'avventura più lontana
l'intento viso che assembra
l'arciera Diana.
Salgono i venti autunni,
t'avviluppano andate primavere;
ecco per te rintocca
un presagio nell'elisie sfere.
Un suono non ti renda
qual d'incrinata brocca
percossa!; io prego sia
per te concerto ineffabile
di sonagliere.

La dubbia dimane non t'impaura.
Leggiadra ti distendi
sullo scoglio lucente di sale
e al sole bruci le membra.
Ricordi la lucertola
ferma sul masso brullo;
te insidia giovinezza,
quella il lacciòlo d'erba del fanciullo.
L'acqua è la forza che ti tempra,
nell'acqua ti ritrovi e ti rinnovi:
noi ti pensiamo come un'alga, un ciottolo,
come un'equorea creatura
che la salsedine non intacca
ma torna al lito più pura.

Falsetto

Esterina, how apprehensively
we watch you attain twenty;
a rose-flushed cloud threatened by stormy greys.
Enveloped in that smokiness
the wind modulates with violence,
we'll see you finally emerge,
seasoned, anticipating the future
with the intense scrutiny
of the archeress Diana.
How quickly your twenty autumns
entangle the thread of youth;
and exact presentiments
from shadowy Elysium,
fear that your voice may emit
the ringing sound in a cracked vase.

You show no fear at the uncertainty,
but sunbathe on a salt-glazed reef;
bronzed by a wind off the sea,
motionless as the sun-drinking lizard
on a rugged boulder; green as a leaf.
Water's the force which tempers you,
and in it you find the strength to renew
your body; and we think of you
as seaweed, a pebble, a sea-creature,
someone uneroded by saltiness,
polished, and returned to the beach as pure.

Hai ben ragione tu! Non turbare
di ubbie il sorridente presente.
La tua gaiezza impegna già il futuro
ed un crollar di spalle
dirocca i fortilizî
del tuo domani oscuro.
T'alzi e t'avanzi sul ponticello
esiguo, sopra il gorgo che stride:
il tuo profilo s'incide
contro uno sfondo di perla.
Esiti a sommo del tremulo asse,
poi ridi, e come spiccata da un vento
t'abbatti fra le braccia
del tuo divino amico che t'afferra.

Ti guardiamo noi, della razza
di chi rimane a terra.

You're right to hold to the present,
your sparkling vivacity
resists the keepers of age
ensconced in their fortresses.
You balance on a narrow diving-plank
above the quickening whirlpool;
your profile outlined against pearl.
You fluctuate a moment at the top
of the wavering axis, dare the drop,
and launch yourself into the wind,
knowing a tutelary guardian
is there to catch you, unlike we,
who belong to a land-locked race,
and can only stare at you
with a shocked incredulity.

Quasi una fantasia

Raggiorna, lo presento
da un albore di frusto
argento alle pareti:
lista un barlume le finestre chiuse.
Torna l'avvenimento
del sole e le diffuse
voci, i consueti strepiti non porta.

Perché? Penso ad un giorno d'incantesimo
e delle giostre d'ore troppo uguali
mi ripago. Traboccherà la forza
che mi turgeva, incosciente mago,
da grande tempo. Ora m'affaccerò,
subisserò alte case, spogli viali.

Avrò di contro un paese d'intatte nevi
ma lievi come viste in un arazzo.
Scivolerà dal cielo bioccoso un tardo raggio.
Gremite d'invisibile luce selve e colline
mi diranno l'elogio degl'ilari ritorni.

Lieto leggerò i neri
segni dei rami sul bianco
come un essenziale alfabeto.
Tutto il passato in un punto
dinanzi mi sarà comparso.
Non turberà suono alcuno
quest'allegrezza solitaria.
Filerà nell'aria
o scenderà s'un paletto
qualche galletto di marzo.

Almost a Fantasy

The day returns. A dawn
that filters through, a threadbare
silvering striped on the walls;
the shut windows glimmer.
The event of the sun
returns, bringing neither diffuse voices
nor a simmering uproar.

I think of an enchanting carousel,
white horses repeating themselves,
that power which once invested me,
inanimate wizard of childhood.
Now with the reinvestment of that force
I'll annihilate tall houses, bare avenues.

I dream of a country of snows,
light as the landscape in a tapestry;
a sunbeam measuring the flaking sky.
Packed with invisible light, woods and hills
will eulogise my homecoming.

I'll read the calligraphised black
alphabet of branches stark against white.
All of my past will double on myself,
exultant, solitary,
while a hoopoe's red crest flares
to settle on a picket.

Vento e bandiere

La folata che alzò l'amaro aroma
del mare alle spirali delle valli,
e t'investì, ti scompigliò la chioma,
groviglio breve contro il cielo pallido;

la raffica che t'incollò la veste
e ti modulò rapida a sua imagine,
com'è tornata, te lontana, a queste
pietre che sporge il monte alla voragine;

e come spenta la furia briaca
ritrova ora il giardino il sommesso alito
che ti cullò, riversa sull'amaca,
tra gli alberi, ne' tuoi voli senz'ali.

Ahimè, non mai due volte configura
il tempo in egual modo i grani! E scampo
n'è: ché, se accada, insieme alla natura
la nostra fiaba brucerà in un lampo.

Sgorgo che non s'addoppia, – ed or fa vivo
un gruppo di abitati che distesi
allo sguardo sul fianco d'un declivo
si parano di gale e di palvesi.

Il mondo esiste... Uno stupore arresta
il cuore che ai vaganti incubi cede,
messaggeri del vespero: e non crede
che gli uomini affamati hanno una festa.

Wind and Flags

The wind carries a scent of spray
that beads the scorched inland valleys;
it blows your hair into the sparks
an incandescent log spits free,

and pins your dress tightly across
a figure sharpened in outline.
Sculpted by the wind on these heights,
you look down; how the boulders shine

like nuggets on the valley floor.
The breeze that cradled your hammock
all summer, rocking you in flight,
now cuts through with a numbing shock...

Time never refashions a day;
the wheat ear splits, already we
are figures in a brief fable,
a nerve charred black by history.

From here we see them, a handful
of huts crouched into the rockface;
banners and pennants stream from them,
a flag picks up the pull of space.

Bewilderment spins us round,
a terrifying sense that there
in the portent of evening wait
the scarlet and black messengers...

Da OSSI DI SEPPIA

* * *

Meriggiare pallido e assorto
presso un rovente muro d'orto,
ascoltare tra i pruni e gli sterpi
schiocchi di merli, frusci di serpi.

Nelle crepe del suolo o su la veccia
spiar le file di rosse formiche
ch'ora si rompono ed ora s'intrecciano
a sommo di minuscole biche.

Osservare tra frondi il palpitare
lontano di scaglie di mare
mentre si levano tremuli scricchi
di cicale dai calvi picchi.

E andando nel sole che abbaglia
sentire con triste meraviglia
com'è tutta la vita e il suo travaglio
in questo seguitare una muraglia
che ha in cima cocci aguzzi di bottiglia.

From CUTTLEFISH BONES

Noon

A contemplative siesta,
I nurse the shade beside a garden wall,
or listen to a blackbird in the hedge,
a snake unravelling its glinting ball...

Blue tufted vetch springing from the cracked soil
obstructs red ants in their singular tracks.
They break formation, intersect and mill,
they're galvanised by an electric coil...

And further off, blazing through green branches
I see the offing glint like mullet scales.
The air's electric, cicadas
incessantly chirr from bald hill summits.

Sometimes, walking into the dazzling sun
I seem to realise that all of life
is like the steady manoeuvring ascent
of someone climbing a high wall
to find the jagged glass rim sharp as a knife.

* * *

Portami il girasole ch'io lo trapianti
nel mio terreno bruciato dal salino,
e mostri tutto il giorno agli azzurri specchianti
del cielo l'ansietà del suo volto giallino.

Tendono alla chiarità le cose oscure,
si esauriscono i corpi in un fluire
di tinte: queste in musiche. Svanire
è dunque la ventura delle venture.

Portami tu la pianta che conduce
dove sorgono bionde trasparenze
e vapora la vita quale essenza;
portami il girasole impazzito di luce.

The Sunflower

Bring me the sunflower and I'll transplant
it in my garden's burnt salinity.
All day its heliocentric gold face
will turn towards the blue of sky and sea.

Things out of darkness incline to the light,
colours flow into music and ascend,
and in that act consume themselves, to burn
is both a revelation and an end.

Bring me that flower whose one aspiration
is to salute the blond shimmering height
where all matter's transformed into essence,
its radial clockface feeding on the light.

* * *

Cigola la carrucola del pozzo,
l'acqua sale alla luce e vi si fonde.
Trema un ricordo nel ricolmo secchio,
nel puro cerchio un'immagine ride.
Accosto il volto a evanescenti labbri:
si deforma il passato, si fa vecchio,
appartiene ad un altro...
                              Ah che già stride
la ruota, ti ridona all'atro fondo,
visione, una distanza ci divide.

* * *

The Well

The handle creaks in cranking the well-shaft,
and water brims to spill into the light,
memory's a rainbow in the bright pail –
the image minted was once part of you.
I bend to it, and my face polishes
the interlinking shadows. Which is true?
Things change upon that instant...

                    The wheel hums.
Its rage will deliver you to the pit.
It's only for a moment that we're two.

                    * * *

Da MEDITERRANEO

* * *

A vortice s'abbatte
sul mio capo reclinato
un suono d'agri lazzi.
Scotta la terra percorsa
da sghembe ombre di pinastri,
e al mare là in fondo fa velo
più che i rami, allo sguardo, l'afa che a tratti erompe
dal suolo che si avvena.
Quando più sordo o meno il ribollio dell'acque
che s'ingorgano
accanto a lunghe secche mi raggiunge:
o è un bombo talvolta ed un ripiovere
di schiume sulle rocce.
Come rialzo il viso, ecco cessare
i ragli sul mio capo; e via scoccare
verso le strepeanti acque,
frecciate biancazzurre, due ghiandaie.

From MEDITERRANEAN

Vortex

Over me, a vortex
of whirling trees spins
like the green ring of a whirlpool.
The earth burns, striped
by the twisted shadows of firs,
and out there, the sea's hazed
by vapour breaking from the ground.
What I hear's the subdued, flooding push
of waters in their urgent rush,
reclaiming sand reaches, or intermittently
the thrash and shower of foam whitening the rocks.
When I look up, the braying shriek
above my head, cuts dead; and darting past,
aimed for the swirling bay,
go blue and white arrows, a pair of jays.

* * *

Antico, sono ubriacato dalla voce
ch'esce dalle tue bocche quando si schiudono
come verdi campane e si ributtano
indietro e si disciolgono.
La casa delle mie estati lontane
t'era accanto, lo sai,
là nel paese dove il sole cuoce
e annuvolano l'aria le zanzare.
Come allora oggi in tua presenza impietro,
mare, ma non più degno
mi credo del solenne ammonimento
del tuo respiro. Tu m'hai detto primo
che il piccino fermento
del mio cuore non era che un momento
del tuo; che mi era in fondo
la tua legge rischiosa: esser vasto e diverso
e insieme fisso:
e svuotarmi così d'ogni lordura
come tu fai che sbatti sulle sponde
tra sugheri alghe asterie
le inutili macerie del tuo abisso.

Ancient Sea

We share one language; your fluctuating
vernacular leaves me drunk on your voice,
the green waves running for the shore,
their flux and reflux heard as a vague roar
persistent through those long summers,
when mosquito clouds broiled the air
of my faraway childhood house.
Today as then I treat you warily,
listening for catch syllables rather
than be lulled into a false security
by your sibilance. From you, I first learnt
that my heart's turbulent ferment
corresponded to your perilous moods –
my blood an impulsion of the deeps,
my vision contained on the rim
of your horizon. I would purify
myself of every adulterating poison,
as you do dashing foam upon the shore,
amongst cork, bottles, beached seaweed, starfish,
the unavailing jetsam of the void.

* * *

Noi non sappiamo quale sortiremo
domani, oscuro o lieto;
forse il nostro cammino
a non tócche radure ci addurrà
dove mormori eterna l'acqua di giovinezza;
o sarà forse un discendere
· fino al vallo estremo,
nel buio, perso il ricordo del mattino.
Ancora terre straniere
forse ci accoglieranno: smarriremo
la memoria del sole, dalla mente
ci cadrà il tintinnare delle rime.
Oh la favola onde s'esprime
la nostra vita, repente
si cangerà nella cupa storia che non si racconta!
Pur di una cosa ci affidi,
padre, e questa è: che un poco del tuo dono
sia passato per sempre nelle sillabe
che rechiamo con noi, api ronzanti.
Lontani andremo e serberemo un'eco
della tua voce, come si ricorda
del sole l'erba grigia
nelle corti scurite, tra le case.
E un giorno queste parole senza rumore
che teco educammo nutrite
di stanchezze e di silenzi,
parranno a un fraterno cuore
sapide di sale greco.

Mediterranean

We have no preconception
of our corresponding mood, tomorrow,
perhaps our path will designate
a way through untamed clearings
to waters where youth's face never expires;
or it might be a tortuous descent
to the bottomless valley,
a darkness that expunges memory.
Or by an abrupt transition,
we will lose the sun, our rhymes
their natural incantation.
How quickly the fable to which we owed
our meaning changes to an unrepeatable
story. But of one thing you assure
us, father, that the particular
syllables that lived in us like bees
are a condition so uniquely ours,
an echo remains for ever
of your voice in the sea's vernacular,
as the grey grass in the courtyard aspires
to the sun. And one day these words
which we nurtured, polished like pebbles,
will speak to a fraternal heart,
desolate, rimed with Greek salt.

* * *

Avrei voluto sentirmi scabro ed essenziale
siccome i ciottoli che tu volvi,
mangiati dalla salsedine;
scheggia fuori del tempo, testimone
di una volontà fredda che non passa.
Altro fui: uomo intento che riguarda
in sé, in altrui, il bollore
della vita fugace – uomo che tarda
all'atto, che nessuno, poi, distrugge.
Volli cercare il male
che tarla il mondo, la piccola stortura
d'una leva che arresta
l'ordegno universale; e tutti vidi
gli eventi del minuto
come pronti a disgiungersi in un crollo.
Seguìto il solco d'un sentiero m'ebbi
l'opposto in cuore, col suo invito; e forse
m'occorreva il coltello che recide,
la mente che decide e si determina.
Altri libri occorrevano
a me, non la tua pagina rombante.
Ma nulla so rimpiangere: tu sciogli
ancora i groppi interni col tuo canto.
Il tuo delirio sale agli astri ormai.

Angularity

I should have had the angularity,
the pocked moon-face of pebbles eroded
by the sea's mouth; bitten and then spat free,
a fragment outside time, a salt-rimed chip
of the untiring universal will.
Instead, I am a man transfixed,
my eye focused on the transient bubbling
of life's inner source; a man who defers action
for the indestructible lens of vision.
I wanted to eradicate the globular
termite's persistent drilling, the lever's
hairline imprecision in locking the gears
of the global spin; and I saw
the microscopic dissection of time
in the atoms' molecular dance.
What I needed was a knife that cuts clean,
a mind triggering the freedom to choose
the uncharred text from its flame-brittle page.
I regret nothing; again you unravel
my inner fishline-tangle with your talk.
Now your delirium climbs starward in its rage.

* * *

Dissipa tu se lo vuoi
questa debole vita che si lagna,
come la spugna il frego
effimero di una lavagna.
M'attendo di ritornare nel tuo circolo,
s'adempia lo sbandato mio passare.
La mia venuta era testimonianza
di un ordine che in viaggio mi scordai,
giurano fede queste mie parole
a un evento impossibile, e lo ignorano.
Ma sempre che traudii
la tua dolce risacca su le prode
sbigottimento mi prese
quale d'uno scemato di memoria
quando si risovviene del suo paese.
Presa la mia lezione
più che dalla tua gloria
aperta, dall'ansare
che quasi non dà suono
di qualche tuo meriggio desolato,
a te mi rendo in umiltà. Non sono
che favilla d'un tirso. Bene lo so: bruciare,
questo, non altro, è il mio significato.

* * *

Then Obliterate

Then obliterate if you wish
the errors of a life,
as a sponge erases
the chalk marks on a blackboard.
I need to re-enter your circle,
find help in my fragmentation.
My coming here signifies
a meaning I lost on the road,
and these words of mine allude
unconsciously to a signal event.
But whenever the wind carried
your lazy surf upon a beach,
consternation shook me
as it does a man who's lost
then recollects his home.
Having learnt my lesson
more from the breathless gasping
of some deserted midday hour of yours
that is hardly audible
than from your glorious moment,
I give myself up in humility.
I'm no more than a spark from a beacon,
and well I know it, to burn,
this is my single, solitary meaning.

* * *

Da MERIGGI E OMBRE

L'agave su lo scoglio
Scirocco

O rabido ventare di scirocco
che l'arsiccio terreno gialloverde
bruci;
e su nel cielo pieno
di smorte luci
trapassa qualche biocco
di nuvola, e si perde.
Ore perplesse, brividi
d'una vita che fugge
come acqua tra le dita;
inafferrati eventi,
luci-ombre, commovimenti
delle cose malferme della terra;
oh alide ali dell'aria
ora son io
l'agave che s'abbarbica al crepaccio
dello scoglio
e sfugge al mare da le braccia d'alghe
che spalanca ampie gole e abbranca rocce;
e nel fermento
d'ogni essenza, coi miei racchiusi bocci
che non sanno più esplodere oggi sento
la mia immobilità come un tormento.

Sirocco

The sirocco's raging dust
whips over arid soil
scorching.
Up there in the sky
smudged with a fine haze
a single cloud burns
off into vapour.
Hours of confusion, shiverings
of a life that thins like water
through the fingers. Untried
possibilities, visions, invisible quavers,
tumult of all the rootless
precarious things of the world.
I too, begin to drift,
an agave holding on
in a rock fissure,
resisting like the seaweed's arms
the tide's rock-battering unhingeing jaws.
Caught up in this ferment,
this elemental rush, my thoughts explode;
I feel my immobility
lashed by the hot grit driven off the road.

L'agave su lo scoglio
Tramontana

Ed ora sono spariti i circoli d'ansia
che discorrevano il lago del cuore
e quel friggere vasto della materia
che discolora e muore.
Oggi una volontà di ferro spazza l'aria,
divelle gli arbusti, strapazza i palmizi
e nel mare compresso scava
grandi solchi crestati di bava.
Ogni forma si squassa nel subbuglio
degli elementi; è un urlo solo, un muglio
di scerpate esistenze: tutto schianta
l'ora che passa: viaggiano la cupola del cielo
non sai se foglie o uccelli – e non son più.
E tu che tutta ti scrolli fra i tonfi
dei venti disfrenati
e stringi a te i bracci gonfi
di fiori non ancora nati;
come senti nemici
gli spiriti che la convulsa terra
sorvolano a sciami,
mia vita sottile, e come ami
oggi le tue radici.

Tramontana

Now that the fret of anxious ripples
traces a last circle on my heart's lake,
I feel the world's imbalance start to hum
with the migration of dead things.
Today a steel will slashes through the vault,
scalping the bushes, lashing blown-back palms,
inscribing furrows on a cat-arched sea
blasted to a white, fuming spray.
Every shape's twisted to a tortured dance,
an elemental fury; and a roar
issues from broken lives: everything's wrenched
by the moment as it whistles across
a sky of arrowing birds or swirling leaves.
And you who find no balance anywhere
are lifted on the seething air,
arms cradling your body, unrealised
in the great chain of events, and aware
how hostile are the tempestuous spirits
in passage above the violent earth,
look for a rooting of your subtle life
to which a later sun will give birth.

Egloga

Perdersi nel bigio ondoso
dei miei ulivi era buono
nel tempo andato – loquaci
di riottanti uccelli
e di cantanti rivi.
Come affondava il tallone
nel suolo screpolato,
tra le lamelle d'argento
dell'esili foglie. Sconnessi
nascevano in mente i pensieri
nell'aria di troppa quiete.

Ora è finito il cerulo marezzo.
Si getta il pino domestico
a romper la grigiura;
brucia una toppa di cielo
in alto, un ragnatelo
si squarcia al passo: si svincola
d'attorno un'ora fallita.
È uscito un rombo di treno,
non lunge, ingrossa. Uno sparo
si schiaccia nell'etra vetrino.
Strepita un volo come un acquazzone,
venta e vanisce bruciata
una bracciata di amara
tua scorza, istante: discosta
esplode furibonda una canea.

Tosto potrà rinascere l'idillio.
S'è ricomposta la fase che pende
dal cielo, riescono bende
leggere fuori...;
                    il fitto dei fagiuoli
n'è scancellato e involto.
Non serve più rapid'ale,
né giova proposito baldo;
non durano che le solenni cicale
in questi saturnali del caldo.

Eclogue

It was a ritual: we would lose ourselves
in the silver-blue of my olive trees,
the orchard loud with birdsong, slow runnels,
our feet scuffing the silver blades of leaves.
Disjointed thoughts found a coherency
in the propitiatory calm.

Now the cerulean marbling's stormed by clouds.
The garden pine telescopes into space;
and through the grey a luminous porthole
of light develops in intensity.
Your elbow breaks a radial spider's web
as part of your new inconsistency.
Somewhere a train clatters, picking up speed,
a shot shivers the sky, rattling pigeons
nosedive in compass-spinning formation,
and with the rising wind you seem to burn
within the rind of a bitter past life.
Explosive barking rages from the hills.

Our summer interlude protracts itself
in the smouldering light that magnifies
a point of exit on the horizon.
The bean plant's strafed to a stringy tangle.
Nothing seems opportune, no rapid flight,
no sudden outburst of temerity.
Only the cicadas outlast this squall
in their shrill clamour of importunacy.
Listening to the wind it's you I recall,
a woman, here and gone and unidentified.

Va e viene un istante in un folto
una parvenza di donna.
È disparsa, non era una Baccante.

Sul tardi corneggia la luna.
Ritornavamo dai nostri
vagabondari infruttuosi.
Non si leggeva più in faccia
al mondo la traccia
della frenesia durata
il pomeriggio. Turbati
discendevamo tra i vepri.
Nei miei paesi a quell'ora
cominciano a fischiare le lepri.

Now as the sickle moon lifts a white horn,
I remember our inconclusive nights.
The finger that you scratched on the world's face
is a dust-mark the sirocco's erased.
Disturbed once, we walked where the thistles shorn
of flowers were white blowballs in the dark.
In my country this hour anticipates
the hare's lightning-bolt, its frightened whistle.

Arsenio

I turbini sollevano la polvere
sui tetti, a mulinelli, e sugli spiazzi
deserti, ove i cavalli incappucciati
annusano la terra, fermi innanzi
ai vetri luccicanti degli alberghi.
Sul corso, in faccia al mare, tu discendi
in questo giorno
or piovorno ora acceso, in cui par scatti
a sconvolgerne l'ore
uguali, strette in trama, un ritornello
di castagnette.

È il segno d'un'altra orbita: tu seguilo.
Discendi all'orizzonte che sovrasta
una tromba di piombo, alta sui gorghi,
più d'essi vagabonda: salso nembo
vorticante, soffiato dal ribelle
elemento alle nubi; fa che il passo
su la ghiaia ti scricchioli e t'inciampi
il viluppo dell'alghe: quell'istante
è forse, molto atteso, che ti scampi
dal finire il tuo viaggio, anello d'una
catena, immoto andare, oh troppo noto
delirio, Arsenio, d'immobilità...

Ascolta tra i palmizi il getto tremulo
dei violini, spento quando rotola
il tuono con un fremer di lamiera
percossa; la tempesta è dolce quando
sgorga bianca la stella di Canicola
nel cielo azzurro e lunge par la sera
ch'è prossima: se il fulmine la incide
dirama come un albero prezioso
entro la luce che s'arrosa: e il timpano
degli tzigani è il rombo silenzioso.

Arsenio

The wind picks up dust in frantic eddies,
grit sprays the rooftops and smokes across squares
where horses sniff the ground, fidgetingly
tied up before the decanter glitter
of hotel windows.
You take the promenade facing the sea
on this afternoon of frenetic squalls;
the sky, the storm-palette of a rainbow
is answered by a beak-rattle of castanets.

That sign has you follow a new orbit.
The horizon's a lead whirlpool of spray
haystacked above the frenzy of the bay;
a seething, tornadoing black cloudhead
drives in; the boiling spume dazzles.
Your foot slides on the shingle; weed ensnares
each scuttled step. The blindingly delirious
moment's the one you've anticipated,
it is a link in an unmoving chain...

Through the goose-hissing of palms, a sudden
urgency of violins competes
with the thunder's detonation; the crash
of metal plates welded upon a floor...
In intermittent lulls the white dog star
floods a blue reach, before the scissor flash
of lightning branches into a forked tree
of indigo. A gypsy kettledrum
peters out on that note.

Discendi in mezzo al buio che precipita
e muta il mezzogiorno in una notte
di globi accesi, dondolanti a riva, –
e fuori, dove un'ombra sola tiene
mare e cielo, dai gozzi sparsi palpita
l'acetilene –
               finché goccia trepido
il cielo, fuma il suolo che s'abbevera,
tutto d'accanto ti sciaborda, sbattono
le tende molli, un frùscio immenso rade
la terra, giù s'afflosciano stridendo
le lanterne di carta sulle strade.

Così sperso tra i vimini el le stuoie
grondanti, giunco tu che le radici
con sé trascina, viscide, non mai
svelte, tremi di vita e ti protendi
a un vuoto risonante di lamenti
soffocati, la tesa ti ringhiotte
dell'onda antica che ti volge; e ancora
tutto che ti riprende, strada portico
mura specchi ti figge in una sola
ghiacciata moltitudine di morti,
e se un gesto ti sfiora, una parola
ti cade accanto, quello è forse, Arsenio,
nell'ora che si scioglie, il cenno d'una
vita strozzata per te sorta, e il vento
la porta con la cenere degli astri.

You go down into a blazing darkness
that turns the sultry noon into midnight;
globes of light rock on the moored fishing fleet,
the sky and sea are indivisibly
blueblack, except where a trawler's stern light
winks through; acetylene drifts on the air.

The squall subsides in slow trembling raindrops
pocking the steaming earth. A liquid sheet
glazes the town; the pummelled tents cave in;
the soggy paper lanterns hit the street.

Stranded among sodden wickers, straw mats,
you are a reed dragging its clammy roots
out of the river bed, hysterical
with crackling electricity you reach
towards an empty interposing void
that spins, and flings you back against the wall
on which a frozen mirror holds
you transfixed to the starshine of dead things.

If a word reaches you, or a gesture
arrests your flux Arsenio,
it's a sign of temporal appeasement,
a gap in the closed circuit of a future
you would have throttled. In a reddening glow
a wind lights up the ashes of the stars.

Casa sul mare

Il viaggio finisce qui:
nelle cure meschine che dividono
l'anima che non sa più dare un grido.
Ora i minuti sono eguali e fissi
come i giri di ruota della pompa.
Un giro: un salir d'acqua che rimbomba.
Un altro, altr'acqua, a tratti un cigolio.

Il viaggio finisce a questa spiaggia
che tentano gli assidui e lenti flussi.
Nulla disvela se non pigri fumi
la marina che tramano di conche
i soffi leni: ed è raro che appaia
nella bonaccia muta
tra l'isole dell'aria migrabonde
la Corsica dorsuta o la Capraia.

Tu chiedi se così tutto vanisce
in questa poca nebbia di memorie;
se nell'ora che torpe o nel sospiro
del frangente si compie ogni destino.
Vorrei dirti che no, che ti s'appressa
l'ora che passerai di là dal tempo;
forse solo chi vuole s'infinita,
e questo tu potrai, chissà, non io.
Penso che per i più non sia salvezza,
ma taluno sovverta ogni disegno,
passi il varco, qual volle si ritrovi.
Vorrei prima di cedere segnarti
codesta via di fuga
labile come nei sommossi campi
del mare spuma o ruga.
Ti dono anche l'avara mia speranza.
A' nuovi giorni, stanco, non so crescerla:
l'offro in pegno al tuo fato, che ti scampi.

Il cammino finisce a queste prode
che rode la marea col moto alterno.
Il tuo cuore vicino che non m'ode
salpa già forse per l'eterno.

House on the Sea

Our voyage ends here in fragmentation.
The calm we'd have inform this house is one
in which time has the regularity
of the cracked revolutions of a pump
forcing water to sparkle clear.
We demand quiet for our fragility.

Our struggle terminates here where the beach
is hammered flat by the untiring surf.
The calm hazes to a blue watered silk,
and sometimes swimming on the horizon
humped Corsica or Capraia show through
like whalebacks in the blue.

You ask if everything in life's like this –
a clouding of remembered things,
a blaze that dazzles in the breaking wave
to dissipate itself in smoke.
Rather I look for the approaching hour
in which you'll finally get clear of time,
and learn like a seal to jump through a hoop
into your own self-mapped configuration.

The risk's uncertain as the plan, the gaps
in the fishnet might lead to a shark's mouth.
I'd like to plot the course of your exit,
but even a calm precedes a whirlpool's
beaten whisk of foam. Importunacy's
the one momentum that will set you free...

Our journey finds no resolution here
on a shore frisked by tides, and where are you,
close by, uncomprehending, or perhaps
this moment steering for the endless blue?

I morti

Il mare che si frange sull'opposta
riva vi leva un nembo che spumeggia
finché la piana lo riassorbe. Quivi
gettammo un dì su la ferrigna costa,
ansante più del pelago la nostra
speranza! – e il gorgo sterile verdeggia
come ai dì che ci videro fra i vivi.

Or che aquilone spiana il groppo torbido
delle salse correnti e le rivolge
d'onde trassero, attorno alcuno appende
ai rami cedui reti dilunganti
sul viale che discende
oltre lo sguardo;
reti stinte che asciuga il tocco tardo
e freddo della luce; e sopra queste
denso il cristallo dell'azzurro palpebra
e precipita a un arco d'orizzonte
flagellato.
           Più d'alga che trascini
il ribollio che a noi si scopre, muove
tale sosta la nostra vita: turbina
quanto in noi rassegnato a' suoi confini
risté un giorno; tra i fili che congiungono
un ramo all'altro si dibatte il cuore
come la gallinella
di mare che s'insacca tra le maglie;
e immobili e vaganti ci ritiene
una fissità gelida.
                   Così
forse anche ai morti è tolto ogni riposo
nelle zolle: una forza indi li tragge
spietata più del vivere, ed attorno,
larve rimorse dai ricordi umani,
li volge fino a queste spiagge, fiati
senza materia o voce
traditi dalla tenebra; ed i mozzi
loro voli ci sfiorano pur ora
da noi divisi appena e nel crivello
del mare si sommergono...

The Dead

The sea breaking on the opposite shore
mule-kicks a sheet of hanging foam
that sizzles on the flats. The roar
subsides at intervals; it's like the life
we staked, and its hard-breathing momentum
deposited into a green vortex
from which that lifeline's thrown up on the wave.

Now, when the north wind levels out
the knotted tangles of kelp, and ploughs back
their whip-length leashes to the sea,
someone throws nets over slatted driftwood
that proliferates on a coastal track;
bleached nets dried by the tingle of salt light.
Above the coast, the sky's a foggy lens,
the flogged horizon shows up winkle-black.

Watching that seaweed eddy in a swirl,
strand unlinking from strand, then joined again,
it seems the hesitating contraction
of a lifetime's indecisions.
The heart's a moorhen ensnared in meshes
that leave it palpitating. A deadlock
has man steady himself against the whirl,
and play the role of his own spectator.

Death's no escape; a ruthless energy
has those before us compelled to wander
as revenants towards white storm-beaches,
betrayed by darkness, exposed by the glare,
and at a rush they lift like flagging birds
who hit the sea's green sieve and go under...

Delta

La vita che si rompe nei travasi
secreti a te ho legata:
quella che si dibatte in sé e par quasi
non ti sappia, presenza soffocata.

Quando il tempo s'ingorga alle sue dighe
la tua vicenda accordi alla sua immensa,
ed affiori, memoria, più palese
dall'oscura regione ove scendevi,
come ora, al dopopioggia, si riaddensa
il verde ai rami, ai muri il cinabrese.

Tutto ignoro di te fuor del messaggio
muto che mi sostenta sulla via:
se forma esisti o ubbia nella fumea
d'un sogno t'alimenta
la riviera che infebbra, torba, e scroscia
incontro alla marea.

Nulla di te nel vacillar dell'ore
bige o squarciate da un vampo di solfo
fuori che il fischio del rimorchiatore
che dalle brume approda al golfo.

Delta

How often, bound to you, my secrecy hurt
like fishing twine pulled tight over a wrist.
I made you nervous by being alert

to each nuance of our web-like moods.
You, who would break like a fish from the flood
trailing intimate knowledge of the void,
as now with the expenditure of rain,
green brightens, battening to the sumac's stain.

Everything about you's enigmatic.
Sometimes you seem a wraith strayed from the pit,
or a figure pronounced in silhouette
against the coast path. Surf in sudden fits
smokes round the headland, or subsides in calm.

I can't define nor make you palpable.
You're out there in the lightning flash that plays
over the haze, as now a hooting tug
comes with its stern lights flashing through the bay.

OCCASIONS
LE OCCASIONI
1928-1939

Lindau

La rondine vi porta
fili d'erba, non vuole che la vita passi.
Ma tra gli argini, a notte, l'acqua morta
logora i sassi.
Sotto le torce fumicose sbanda
sempre qualche ombra sulle prode vuote.
Nel cerchio della piazza una sarabanda
s'agita al mugghio dei battelli a ruote.

Lindau

Unfailingly the swallow maintains life,
returning here beak needling with a straw.
At night by the piers, slack water
sluggishly wears through the eroding shale.
Torches smoke, their gusty shadows
played out fluently on the lifeless shore.
In the plaza a saraband strikes up.
Listen, the wheels of the paddleboats wail.

C

Bagni di Lucca

Fra il tonfo dei marroni
e il gemito del torrente
che uniscono i loro suoni
èsita il cuore.

Precoce inverno che borea
abbrividisce. M'affaccio
sul ciglio che scioglie l'albore
del giorno nel ghiaccio.

Marmi, rameggi –
                e ad uno scrollo giù
foglie a èlice, a freccia,
nel fossato.

Passa l'ultima greggia nella nebbia
del suo fiato.

Bagni di Lucca

I quiver at the edge,
the thud of chestnuts on the ground,
pods split by the impact repeats
itself in the torrent's white lash...

Premature winter; the north wind
blasts through. I stand on a ledge
and see a white dawn released
into the sky's luminous ice.

Marble, branching –
                      and at a gust
leaf spirals arrow
for the ditch.

The last flock is passing
sealed in the mist of its own breath.

Bibe a Ponte all'Asse

Bibe, ospite lieve, la bruna tua reginetta di Saba
mesce sorrisi e Rùfina di quattordici gradi.

Si vede in basso rilucere la terra fra gli àceri radi
e un bimbo curva la canna sul gomito della Greve.

Bibe at the Asse Bridge

Dispensing a watery Rufina,
she stands, slight, dark-haired, almost a Sheba,

the ground's patchy with light through maple trees.
By the Greve's round elbow a boy bends his cane.

Dora Markus

I

Fu dove il ponte di legno
mette a Porto Corsini sul mare alto
e rari uomini, quasi immoti, affondano
o salpano le reti. Con un segno
della mano additavi all'altra sponda
invisibile la tua patria vera.
Poi seguimmo il canale fino alla darsena
della città, lucida di fuliggine,
nella bassura dove s'affondava
una primavera inerte, senza memoria.

E qui dove un'antica vita
si screzia in una dolce
ansietà d'Oriente,
le tue parole iridavano come le scaglie
della triglia moribonda.

La tua irrequietudine mi fa pensare
agli uccelli di passo che urtano ai fari
nelle sere tempestose:
è una tempesta anche la tua dolcezza,
turbina e non appare,
e i suoi riposi sono anche più rari.
Non so come stremata tu resisti
in questo lago
d'indifferenza ch'è il tuo cuore; forse
ti salva un amuleto che tu tieni
vicino alla matita delle labbra,
al piumino, alla lima: un topo bianco,
d'avorio; e così esisti!

Dora Markus

I

It was where a wooden jetty
juts into the tide at Porto Corsini,
and a few men in slow motion, release
or haul in their nets. With a wave
of your hand, you gestured my eye towards
the opposite shore, your invisible homeland.
We followed the canal down to the docks,
the city dusted by glittering soot,
in the lowland where an anaemic spring
drowned without memory.

And here where an old-world life
declines in a shimmer
of oriental anxiety
your words flashed like the rainbowed mint
of a dying mullet's scales.

Your restlessness makes me think
of migrant birds that crash at lighthouses
on stormy nights:
your gentleness, too, is a storm,
that whirls imperceptibly;
its let-ups rarer still.
Agonised in that way, I don't know how
you keep afloat
in your heart's indifferent lake. Perhaps
an amulet protects you, one you keep
beside your lipstick, compact and nail file:
a white ivory mouse: so you survive.

II

Ormai nella tua Carinzia
di mirti fioriti e di stagni,
china sul bordo sorvegli
la carpa che timida abbocca
o segui sui tigli, tra gl'irti
pinnacoli le accensioni
del vespro e nell'acque un avvampo
di tende da scali e pensioni.

La sera che si protende
sull'umida conca non porta
col palpito dei motori
che gemiti d'oche e un interno
di nivee maioliche dice
allo specchio annerito che ti vide
diversa una storia di errori
imperturbati e la incide
dove la spugna non giunge.

La tua leggenda, Dora!
Ma è scritta già in quegli sguardi
di uomini che hanno fedine
altere e deboli in grandi
ritratti d'oro e ritorna
ad ogni accordo che esprime
l'armonica guasta nell'ora
che abbuia, sempre più tardi.

È scritta là. Il sempreverde
alloro per la cucina
resiste, la voce non muta,
Ravenna è lontana, distilla
veleno una fede feroce.
Che vuole da te? Non si cede
voce, leggenda o destino...
Ma è tardi, sempre più tardi.

II

By now, in your Carinthia,
of flowering myrtles and little ponds,
you lean over and shadow
the timidly nosing carp
or follow above lime trees the hectic
blaze of bristling spires
the sunset fire on waters
dazzling the piers, hotel awnings.

The evening that stretches out
over a hazy inlet brings
above the throbbing outboards
the homing cry of geese:
and an interior of white tiles
tells the blackened mirror
that knew you differently, the inventory
of a lifetime's mistakes,
all coolly acknowledged and cut in
where the sponge will never reach.

Your legend, Dora!
But it's already written in the stare
of effete men bushed with thin side-whiskers,
aristocratic portraits in gilt frames;
and returns with each cracked note
squeezed from a harmonica at nightfall,
in the dark that arrives always later.

It is written there. The evergreen
bay leaf survives
in kitchens; the voice doesn't change.
Ravenna is far; a venomous faith
distills its poison.
What can it want from you? No one concedes
voice, legend or destiny...
But it is late, always later.

Da MOTTETTI

1

Lo sai: debbo riperderti e non posso.
Come un tiro aggiustato mi sommuove
ogni opera, ogni grido e anche lo spiro
salino che straripa
dai moli e fa l'oscura primavera
di Sottoripa.

Paese di ferrame e alberature
a selva nella polvere del vespro.
Un ronzìo lungo viene dall'aperto,
strazia com'unghia ai vetri. Cerco il segno
smarrito, il pegno solo ch'ebbi in grazia
da te.
       E l'inferno è certo.

6

La speranza di pure rivederti
m'abbandonava;

e mi chiesi se questo che mi chiude
ogni senso di te, schermo d'immagini,
ha i segni della morte o dal passato
è in esso, ma distorto e fatto labile,
un *tuo* barbaglio:

(a Moderna, tra i portici,
un servo gallonato trascinava
due sciacalli al guinzaglio).

From MOTETS

1

You know it: I should renounce you but I cannot.
Like the fear induced by a well-aimed shot,
every movement, every cry
confounds me, even the salt wind's
unsettled rise from the piers
in the cold spring at Sottoripa.

The harbour's a forest of iron, masts,
dusted by the early nightfall.
A protracted buzzing moves in from the sea
and scratches like a nail on glass.
I search for one involuntary sign
that never comes.
                              And hell is certain.

6

I'd lost the hope of seeing you again,
you'd travelled far, a fish gone with the line,
leaving me to face a blizzarding screen
of images, like those that precede death.
If something of you remained, protean,
tenuous, lit by a moment's dazzle,
it was in this sharp cameo –

(At Modena, between the porticoes,
a liveried servant tightened his grip,
dragging two jackals on a leash).

7

Il saliscendi bianco e nero dei
balestrucci dal palo
del telegrafo al mare
non conforta i tuoi crucci su lo scalo
né ti riporta dove più non sei.

Già profuma il sambuco fitto su
lo sterrato; il piovasco si dilegua.
Se il chiarore è una tregua,
la tua cara minaccia la consuma.

10

Perché tardi? Nel pino lo scoiattolo
batte la coda a torcia sulla scorza.
La mezzaluna scende col suo picco
nel sole che la smorza. È giorno fatto.

A un soffio il pigro fumo trasalisce,
si difende nel punto che ti chiude.
Nulla finisce, o tutto, se tu fólgore
lasci la nube.

13

La gondola che scivola in un forte
bagliore di catrame e di papaveri,
la subdola canzone che s'alzava
da masse di cordame, l'alte porte
rinchiuse su di te e risa di maschere
che fuggivano a frotte –

una sera tra mille e la mia notte
è più profonda! S'agita laggiù
uno smorto groviglio che m'avviva
a stratti e mi fa eguale a quell'assorto
pescatore d'anguille dalla riva.

7

In undulating flights martins reveal
their black and white plumage, frenetically
tripping from telegraph wires to the sea.
You lift your eyes for some consolation,
disconsolately standing on the quay.

Already the elder tree's foam
of umbels anchor their perfume above
earth turned from an excavation.
The squall stands off, but calm's an illusion,
your threat hums like the fin-tip of a shark...

10

The dark increases; the squirrel lashes
the bushed flare of its tail across pine bark.
A sickle moon brandishes its gold horn
towards the cratered sun, then lights the dark.

A gust of wind disperses hanging smoke;
the drag back has the swirl of charcoal hide
you from an agitated thunderbolt
that flaring free might flush you, but go wide.

13

The gondola's wake is a furrow's width
of glitter, striping through tar and poppies.
The matelot-vested gondolier hears
a voice hidden by rigging on a quay.
The tall doors shut on you. Laughter
issued from masked clusters dashing away.

An evening in a thousand and my night
a bottomless struggle for breath, I peered
into a light, it seemed the underworld;
and I the intent, scrutinising face
of someone fishing for eels on the bank.

14

Infuria sale o grandine? Fa strage
di campanule, svelle la cedrina.
Un rintocco subacqueo s'avvicina,
quale tu lo destavi, e s'allontana.

La pianola degl'inferi da sé
accelera i registri, sale nelle
sfere del gelo... – brilla come te
quando fingevi col tuo trillo d'aria
Lakmé nell'Aria delle Campanelle.

16

Il fiore che ripete
dall'orlo del burrato
non scordarti di me,
non ha tinte più liete né più chiare
dello spazio gettato tra me e te.

Un cigolìo si sferra, ci discosta,
l'azzurro pervicace non ricompare.
Nell'afa quasi visibile mi riporta all'opposta
tappa, già buia, la funicolare.

17

La rana, prima a ritentar la corda
dallo stagno che affossa
giunchi e nubi, stormire dei carrubi
conserti dove spenge le sue fiaccole
un sole senza caldo, tardo ai fiori
ronzìo di coleotteri che suggono
ancora linfe, ultimi suoni, avara
vita della campagna. Con un soffio
l'ora s'estingue: un cielo di lavagna
si prepara a un irrompere di scarni
cavalli, alle scintille degli zoccoli.

14

Angular, sugar-crackling, pin-dot hail
scores the bell-shaped campanula, uproots
cedrina, the rush is a wave breaking
.then diminishing to a slow groundswell.
Your fingers strike a mad piano tempo
in defiance of the sky's glinting ice.
Things glitter like you when playing Lakmé
you sang the Aria of the Bells.

16

In repeating blues the forget-me-not
proliferates by the cliff-edge;
its blue's the colour of separation,
the space dividing us rock ledge from ledge.
The current of the funicular bore
my shuffling cage across the azure void.
I disembarked, already I could hear
the sky's thunder volume tune up the dark.

17

A tea-rose sky. The frog's bass-chords resound
from a pond flooded with jonquils and mist;
the plaited carob trees pick up the wind
through which a dying sunlight plays. The slow
hum of the coleoptera saws air
as it drags over flowers. Sounds shut down;
the countryside's lit by a last red flare.
One's ear twitches for the sparking of hooves,
the onset of lean horses breaking through.

19

La canna che dispiuma
mollemente il suo rosso
flabello a primavera;
la rèdola nel fosso, su la nera
correntìa sorvolata di libellule;
e il cane trafelato che rincasa
col suo fardello in bocca,

oggi qui non mi tocca riconoscere;
ma là dove il riverbero più cuoce
e il nuvolo s'abbassa, oltre le sue
pupille ormai remote, solo due
fasci di luce in croce.
                              E il tempo passa.

20

...ma così sia. Un suono di cornetta
dialoga con gli sciami del querceto.
Nella valva che il vespero riflette
un vulcano dipinto fuma lieto.

La moneta incassata nella lava
brilla anch'essa sul tavolo e trattiene
pochi fogli. La vita che sembrava
vasta è più breve del tuo fazzoletto.

* * *

19

Come spring, the reed discards its red feather,
the ditch path by the black current crackles
with dragonflies, and the returning dog
already feels the burden of the sun.

Today, the familiar is transformed.
I recognise nothing, but where the heat
is focused most intensely I can see
your twin pupils become crosses of light.

And time passes.

20

...so be it. The sound of a cornet
answers the hiving bee-swarms in the oak.
On the carved seashell where a gold light falls,
a painted volcano eructates smoke.

On the table the lava paperweight
with its embedded coin holds down a sheaf
of manuscript. The life I thought so vast
is briefer than your handkerchief.

* * *

Tempi di Bellosguardo

Oh come là nella corusca
distesa che s'inarca verso i colli,
il brusìo della sera s'assottiglia
e gli alberi discorrono col trito
mormorio della rena; come limpida
s'inalvea là in decoro
di colonne e di salci ai lati e grandi salti
di lupi nei giardini, tra le vasche ricolme
che traboccano,
questa vita di tutti non più posseduta
del nostro respiro;
e come si ricrea una luce di zàffiro
per gli uomini
che vivono laggiù: è troppo triste
che tanta pace illumini a spiragli
e tutto ruoti poi con rari guizzi
su l'anse vaporanti, con incroci
di camini, con grida dai giardini
pensili, con sgomenti e lunghe risa
sui tetti ritagliati, tra le quinte
dei frondami ammassati ed una coda
fulgida che trascorra in cielo prima
che il desiderio trovi le parole!

* * *

Derelitte sul poggio
fronde della magnolia
verdibrune se il vento
porta dai frigidari
dei pianterreni un travolto
concitamento d'accordi
ed ogni foglia che oscilla
o rilampeggia nel folto
in ogni fibra s'imbeve
di quel saluto, e più ancora
derelitte le fronde

Times at Bellosguardo

The horizon arches towards the hills,
the beehive murmur of evening dies there,
and trees converse with the ticking of sand
grained by the wind. How crystalline the air,
the symmetry of columns, thatched willows,
and in the gardens you might see stone wolves
caught in mid-flight above a pond
beaded by a fountain's glow...
There life's more tranquil, there's a fluency
in the sapphire light that arrests the hills.
What's meaningful there
shows up in flashes – steam rising from a bend,
voices at evening from terraced gardens,
laughter from rooftops or a patio,
the flickering of interleaved branches
through which one sees the luminous heavens.
Words aim their flight there – a straining arrow...

* * *

Desolate on the slope,
the magnolia's leaves turn
a greenish-brown. The wind
tests icy ground-floor rooms,
and if a concordance
of distorted voices return
upon the air they're lost
in the bush's twinkling flurry,
each leaf lit by the wind.

dei vivi che si smarriscono
nel prisma del minuto,
le membra di febbre votate
al moto che si ripete
in circolo breve: sudore
che pulsa, sudore di morte,
atti minuti specchiati,
sempre gli stessi, rifranti
echi del batter che in alto
sfaccetta il sole e la pioggia,
fugace altalena tra vita
che passa e vita che sta,
quassù non c'è scampo: si muore
sapendo o si sceglie la vita
che muta ed ignora: altra morte.
E scende la cuna tra logge
ed erme: l'accordo commuove
le lapidi che hanno veduto
le immagini grandi, l'onore,
l'amore inflessibile, il giuoco,
la fedeltà che non muta.
E il gesto rimane: misura
il vuoto, ne sonda il confine:
il gesto ignoto che esprime
se stesso e non altro: passione
di sempre in un sangue e un cervello
irripetuti; e fors'entra
nel chiuso e lo forza con l'esile
sua punta di grimaldello.

But we who live are lost
in the prism of the minute,
our frantic desire to escape
the net, ends in delirium,
sweat, and the consciousness of acts
mirrored to infinity,
a pendulum's fugitive count
between what passes and what stays,
faceted by sun or rain.
Up here there's no way out,
we die knowingly, or we choose
a conscious transience
that also leads to death.
History is lost between the galleries
and pillared statuary. Whatever lives
on here is in the pigment of the stone
that gave itself to images,
honour, love, the dice of the stars,
unwavering conviction.
Persistence is in the spirit of a place,
the void sounded, the boundaries measured,
and in the invisible signature
of that spirit which simply is
in its unrepeatable containment.
Perhaps it enters the closed sanctuary
and finds the serial to the mystery
with the fine point of a picklock.

La casa dei doganieri

Tu non ricordi la casa dei doganieri
sul rialzo a strapiombo sulla scogliera:
desolata t'attende dalla sera
in cui v'entrò lo sciame dei tuoi pensieri
e vi sostò irrequieto.

Libeccio sferza da anni le vecchie mura
e il suono del tuo riso non è più lieto:
la bussola va impazzita all'avventura
e il calcolo dei dadi più non torna.
Tu non ricordi; altro tempo frastorna
la tua memoria; un filo s'addipana.

Ne tengo ancora un capo; ma s'allontana
la casa e in cima al tetto la banderuola
affumicata gira senza pietà.
Ne tengo un capo; ma tu resti sola
né qui respiri nell'oscurità.

Oh l'orizzonte in fuga, dove s'accende
rara la luce della petroliera!
Il varco è qui? (Ripullula il frangente
ancora sulla balza che scoscende...).
Tu non ricordi la casa di questa
mia sera. Ed io non so chi va e chi resta.

The Coastguard's House

You don't recall the coastguard's house, that lair
perched like a crow's-nest so precariously
above the sheer rock-fall to the breakers,
that hung there as a desolate shelter
for the mad torrent of your thoughts to hive
in, restless, unrequited.

For years the sirocco's whipped paint to shale,
and the sound of your laughter is a gale
that spins the maddened compass needle aimlessly
as the wrong throw of dice your words turn up.
You won't recall; a sea-blur hangs over
your memory; a thread unwinds.

I hold an end of it, but the rocked house
recedes; the sea-warped weathervane clatters,
and wind ferociously snaps at pennants.
I keep my thread, fishing for you who cower
alone there, breathless in the spinning dark.

On the shifting horizon a tanker's
red light flickers right out on the edge...
Is this the crossing of our threads where surf
seethes in its boiling-pot beneath the cliff?
You don't remember our jagged outpost,
or which of us remains, and which goes lost.

Bassa marea

Sere di gridi, quando l'altalena
oscilla nella pergola d'allora
e un oscuro vapore vela appena
la fissità del mare.

Non più quel tempo. Varcano ora il muro
rapidi voli obliqui, la discesa
di tutto non s'arresta e si confonde
sulla proda scoscesa anche lo scoglio
che ti portò primo sull'onde.

Viene col soffio della primavera
un lugubre risucchio
d'assorbite esistenze; e nella sera,
negro vilucchio, solo il tuo ricordo
s'attorce e si difende.

S'alza sulle spallette, sul tunnel più lunge
dove il treno lentissimo s'imbuca.
Una mandria lunare sopraggiunge
poi sui colli, invisibile, e li bruca.

Low Tide

At evening, the oyster-catchers' shrill cries
recall to mind the creaking of a swing –
its rhythm opposing the fixity
of a hazed-over dormant sea.

Everything's changed. A rapid flight of birds
scores shadows on the wall.
Reshelved, recontoured by the tide,
the ridge has crumbled on which I first saw
you poised to dive. The sea drags a lead ball.

Now with the green advent of spring,
I count the inventory of wasted days.
Bindweed proliferates; like memory
it twists itself into a defiant ring...

A scream rises from the far embankment
where a tunnel disgorges a slow train.
The steam's a lunar herd invisibly
cropping each head of cattle from the plain.

Stanze

Ricerco invano il punto onde si mosse
il sangue che ti nutre, interminato
respingersi di cerchi oltre lo spazio
breve dei giorni umani,
che ti rese presente in uno strazio
d'agonie che non sai, viva in un putre
padule d'astro inabissato; ed ora
è linfa che disegna le tue mani,
ti batte ai polsi inavvertita e il volto
t'infiamma o discolora.

Pur la rete minuta dei tuoi nervi
rammenta un poco questo suo viaggio
e se gli occhi ti scopro li consuma
un fervore coperto da un passaggio
turbinoso di spuma ch'or s'infitta
ora si frange, e tu lo senti ai rombi
delle tempie vanir nella tua vita
come si rompe a volte nel silenzio
d'una piazza assopita
un volo strepitoso di colombi.

In te converge, ignara, una raggèra
di fili; e certo alcuno d'essi apparve
ad altri: e fu chi abbrividì la sera
percosso da una candida ala in fuga,
e fu chi vide vagabonde larve
dove altri scorse fanciullette a sciami,
o scoperse, qual lampo che dirami,
nel sereno una ruga e l'urto delle
leve del mondo apparse da uno strappo
dell'azzurro l'avvolse, lamentoso.

Stanzas

I can't locate the invisible point
around which your blood orbits, spinning you
through the transient flux of human days;
the endless circling of a migrant bird
repelled by stars above a rotting marsh,
its radar gone. If fire courses your veins,
bubbles in the wrists, then its reflection
shows in your face. You shiver at that pain...

And yet the fine gossamer of your nerves
was a network in the journey.
One eye's a whirlpool of white scudding foam
that throbs deliriously. If respite comes
it's like the silence filling in a square
after the clattering lift-off of doves
launched stridently into the air.

What you retain is a radial centre
to conflicting nerve-flashes. Fear had you
shudder at the passing of a white wing;
and where you saw the phosphor of marsh lights,
another glimpsed a milling crowd of girls,
or saw forked lightning branch across the sky
fissuring a clear blue, and in the crash
of thunder, heard the globe slow to a halt,
its levers sparking from that sudden flash...

In te m'appare un'ultima corolla
di cenere leggera che non dura
ma sfioccata precipita. Voluta,
disvoluta è così la tua natura.
Tocchi il segno, travàlichi. Oh il ronzìo
dell'arco ch'è scoccato, il solco che ara
il flutto e si rinchiude! Ed ora sale
l'ultima bolla in su. La dannazione
è forse questa vaneggiante amara
oscurità che scende su chi resta.

In you an embered corolla of light
flakes to blue ash; your nature is to burn.
You touch the final edge and go over,
aimed like an arrow flighted for the void.
Damnation is perhaps this cyclonic
darkness come down upon whoever stays.

Sotto la pioggia

Un murmure; e la tua casa s'appanna
come nella bruma del ricordo –
e lacrima la palma ora che sordo
preme il disfacimento che ritiene
nell'afa delle serre anche le nude
speranze ed il pensiero che rimorde.

'Por amor de la fiebre'…mi conduce
un vortice con te. Raggia vermiglia
una tenda, una finestra si rinchiude.
Sulla rampa materna ora cammina,
guscio d'uovo che va tra la fanghiglia,
poca vita tra sbatter d'ombra e luce.

Strideva, Adiós muchachos, compañeros
de mi vida, il tuo disco dalla corte:
e m'è cara la maschera se ancora
di là dal mulinello della sorte
mi rimane il sobbalzo che riporta
al tuo sentiero.

Seguo i lucidi strosci e in fondo, a nembi,
il fumo strascicato d'una nave.
Si punteggia uno squarcio…
                            Per te intendo
ciò che osa la cicogna quando alzato
il volo dalla cuspide nebbiosa
rèmiga verso la Città del Capo.

Under the Rain

A cloud-dash, and your house obscured by haze
is fogged out like a point in memory
that's ceased to flicker. The palm beads with rain.
And it's relentless, the renewed decay
of hope, a sultry hothouse suffocates.

Por amor de la fiebre...your figure swirls
and joins me in the dance. An awning flares
redly, a window casement's shut.
Somewhere on the maternal slope
an eggshell teeters on the oozing slide,
life flutters between shade and light.

Your record crackled across the courtyard –
Adiós Muchachos, compañeros
de mi vida. I still hold to the words,
seeking the one gap in the milling round
of possibilities, the break or leap
into the unknown by which you are found.

I follow the luminous breaks in cloud,
smoke from a ship spirals from the skyline,
a bright rift clears...
                    In you I realise
the daring of the stork's migratory shape,
lifting off from the misty pinnacle,
stroking its way towards the Cape.

Punta del Mesco

Nel cielo della cava rigato
all'alba dal volo dritto delle pernici
il fumo delle mine s'inteneriva,
saliva lento le pendici a piombo.
Dal rostro del palabotto si capovolsero
le ondine trombettiere silenziose
e affondarono rapide tra le spume
che il tuo passo sfiorava.

Vedo il sentiero che percorsi un giorno
come un cane inquieto; lambe il fiotto,
s'inerpica tra i massi e rado strame
a tratti lo scancella. E tutto è uguale.
Nella ghiaia bagnata s'arrovella
un'eco degli scrosci. Umido brilla
il sole sulle membra affaticate
dei curvi spaccapietre che martellano.

Polene che risalgono e mi portano
qualche cosa di te. Un tràpano incide
il cuore sulla roccia – schianta attorno
più forte un rombo. Brancolo nel fumo,
ma rivedo: ritornano i tuoi rari
gesti e il viso che aggiorna al davanzale, –
mi torna la tua infanzia dilaniata
dagli spari!

Mesco Point

At dawn, unbending flights of partridges
skimmed over the quarry's skyline,
the smoke from explosives lazily puffed
in eddies up the blind rockface. The ridge
brightened. The trail of foam left by the pilot boat's
beaked prow settled into illusory
white flowers on the surface of the sea.

I still recall the path down here I tracked
once like a troubled dog. The swell pitches
between rocks and the backwash cargoes straw.
Nothing's changed, the wet gravel's still shaken
by detonations; the hunched stonebreakers
bend and huddle from the wind.

The bleak landscape brings back something of you.
A pneumatic drill gouges into rock
and smashes granite. A smoke flare goes up:
I smart, and redefine with clarity
your rare features, now they return to me,
jerky, imprecise, for a moment there,
then blasted by the next charge into air.

D

Costa San Giorgio

Un fuoco fatuo impolvera la strada.
Il gasista si cala giù e pedala
rapido con la scala su la spalla.
Risponde un'altra luce e l'ombra attorno
sfarfalla, poi ricade.

Lo so, non s'apre il cerchio
e tutto scende o rapido s'inerpica
tra gli archi. I lunghi mesi
son fuggiti così: ci resta un gelo
fosforico d'insetto nei cunicoli
e un velo scialbo sulla luna.
                              Un dì
brillava sui cammini del prodigio
El Dorado, e fu lutto fra i tuoi padri.
Ora l'Idolo è qui, sbarrato. Tende
le sue braccia fra i càrpini: l'oscuro
ne scancella lo sguardo. Senza voce,
disfatto dall'arsura, quasi esanime,
l'Idolo è in croce.

La sua presenza si diffonde grave.
Nulla ritorna, tutto non veduto
si riforma nel magico falò.
Non c'è respiro; nulla vale: più
non distacca per noi dall'architrave
della stalla il suo lume, Maritornes.

Tutto è uguale; non ridere: lo so,
lo stridere degli anni fin dal primo,
lamentoso, sui cardini, il mattino
un limbo sulla stupida discesa –
e in fondo il torchio del nemico muto
che preme...
                  Se una pendola rintocca
del chiuso porta il tonfo del fantoccio
ch'è abbattuto.

Costa San Giorgio

A light in zigzags menaces the road
and dusts it copper, as the lamplighter
coasts downhill like a coot breasting water,
a steel ladder saddled on his shoulder.
Light answers light around the square,
shadows deploy then settle in corners.

The circle of lights, a constricting hoop,
shows no break in its circuit. The moon's ash.
Only at the far end of a tunnel
is there a light less fixed in its severity,
a phosphorescent frost of night insects
that crackle in their brittle shells.

And picked out by the lights a bronze statue
shows a tarnished patina of green rime.
Scorched by the heat, inanimately dull,
its gesture entertains no miracles;
it wears time like a punished bell,
grave, unpolished as a campaign medal.

Everything's rigid here; the only dance
is in the magic circle of the lights.
Maritornes no longer unhooks the lamp
from the stable-architrave. It is night,
and no guide offers us a safe passage...

What startles is the screeching of the years
on rusty hinges, a plaintive grating
that opens to a treacherous descent,
and at the bottom of the weedy stairs
comes the mute watchman's tightening of the screw...
If a clock chimes behind a bolted door
it carries with it the half muffled thud
of a child's puppet falling from its chair.

L'estate

L'ombra crociata del gheppio pare ignota
ai giovinetti arbusti quando rade fugace.
E la nube che vede? Ha tante facce
la polla schiusa.

Forse nel guizzo argenteo della trota
controcorrente
torni anche tu al mio piede fanciulla morta
Aretusa.

Ecco l'òmero acceso, la pepita
travolta al sole,
la cavolaia folle, il filo teso
del ragno su la spuma che ribolle –

e qualcosa che va e tropp'altro che
non passerà la cruna...

Occorrono troppe vite per farne una.

Summer

The kestrel's filtered shadow leaves no trace
on dry bushes, but tricks a darkened cross
on the heath's green awakening with spring.
The earth reflects the blue mirror of space.

Now that the year returns, perhaps you too
Arethusa show in the twisted gleam
of a trout shouldering upstream,
dear child whom death plucked from your fragile web.

Things catch light in a blaze. A shoulder-blade
burns like a nugget exposed to the sun;
the cabbage butterfly flickers, a thread
suspends the spider over boiling surf –

and something imperceptible quivers,
and won't pass through the needle's eye, but burns...

Too many lives are needed to make one.

Eastbourne

'Dio salvi il Re' intonano le trombe
da un padiglione erto su palafitte
che aprono il varco al mare quando sale
a distruggere peste
umide di cavalli nella sabbia
del litorale.

Freddo un vento m'investe
ma un guizzo accende i vetri
e il candore di mica delle rupi
ne risplende.

Bank Holiday...Riporta l'onda lunga
della mia vita
a striscio, troppo dolce sulla china.
Si fa tardi. I fragori si distendono,
si chiudono in sordina.

Vanno su sedie a ruote i mutilati,
li accompagnano cani dagli orecchi
lunghi, bimbi in silenzio o vecchi. (Forse
domani tutto parrà un sogno).
                                    E vieni
tu pure voce prigioniera, sciolta
anima ch'è smarrita,
voce di sangue, persa e restituita
alla mia sera.

Come lucente muove sui suoi spicchi
la porta di un albergo
– risponde un'altra e le rivolge un raggio –
m'agita un carosello che travolge
tutto dentro il suo giro; ed io in ascolto
('mia patria!') riconosco il tuo respiro,
anch'io mi levo e il giorno è troppo folto.

Eastbourne

The national anthem's strident brass blares out
from a pavilion stilted on piles
that let the sea through when it creeps
obliterating tracks
left by the horses' hooves pressed in damp sand
along this shore.

A cold wind needles me;
but a glitter fires the windows
and a cliff's polished mica
reflects their brilliant glow.

Bank Holiday...It brings back the long surf,
the wave of my life,
its sluggish backwash on the gradient.
It's late. The band resounds more crashingly
and dies out on a note.

Now the invalids in wheelchairs
are seen accompanied by long-eared dogs,
silent children or the old; figments
of what tomorrow may seem a dream?
                                    And you
return too, captive voice;
released spirit hunting through confusion,
voice of blood, lost and given back
to my evening passage.

A hotel's revolving door
flashes its whirling facets
and is answered by a signalling ray,
and I am caught up in that roundabout
that stands everything on its head,
preoccupied with thoughts of my country,
and recognise your breathing.
I get up; the day is overcrowded.

Tutto apparirà vano: anche la forza
che nella sua tenace ganga aggrega
i vivi e i morti, gli alberi e gli scogli
e si svolge da te, per te. La festa
non ha pietà. Rimanda
il suo scroscio la banda, si dispiega
nel primo buio una bontà senz'armi.

Vince il male... La ruota non s'arresta.

Anche tu lo sapevi, luce-in-tenebra.

Nella plaga che brucia, dove sei
scomparsa al primo tocco delle campane, solo
rimane l'acre tizzo che già fu
Bank Holiday.

Everything will seem empty: even the power
that in its laval matrix
fuses the living and the dead, rocks and trees
and evolves through you, for you. The holiday's
merciless. Again the band
jars with its crashing brass. Darkness sets in.
A sense of goodness suffuses the sky.

Evil wins... The wheel will never stop.

You knew this, too, light-in-dark.

In the last burning quarter of the sky,
you vanished at the bell's first sounding.
Nothing remains but the blacked-out ember
of a dead Bank Holiday.

Corrispondenze

Or che in fondo un miraggio
di vapori vacilla e si disperde,
altro annunzia, tra gli alberi, la squilla
del picchio verde.

La mano che raggiunge il sottobosco
e trapunge la trama
del cuore con le punte dello strame,
è quella che matura incubi d'oro
a specchio delle gore
quando il carro sonoro
di Bassareo riporta folli mùgoli
di arieti sulle toppe arse dei colli.

Torni anche tu, pastora senza greggi,
e siedi sul mio sasso?
Ti riconosco; ma non so che leggi
oltre i voli che svariano sul passo.
Lo chiedo invano al piano dove una bruma
èsita tra baleni e spari su sparsi tetti,
alla febbre nascosta dei diretti
nella costa che fuma.

Correspondences

On the skyline, a vaporous
mirage, wavers at breaking-point;
and through trees a new thing is announced
by the green woodpecker's yatter.

Discoveries are for the outstretched hand
searching the underwood, piercing
the heart's web with its littered points,
a hand that ripens gold nightmares
in the pond's mirror
when the roar of Bacchus' car
breaks through, rams stampeding in its wake
out of scorched patches in the hills.

And are you returning, girl from the fields,
to sit upon my stone?
I recognise you; but I've no access
to what you read in flights going beyond
the pass. I ask the plain where a brief
haze smokes between shots and flashes
on glinting roofs – I ask the express train's
simmering outbursts on the steaming coast.

Barche sulla Marna

Felicità del sùghero abbandonato
alla corrente
che stempra attorno i ponti rovesciati
e il plenilunio pallido nel sole:
barche sul fiume, agili nell'estate
e un murmure stagnante di città.
Segui coi remi il prato se il cacciatore
di farfalle vi giunge con la sua rete,
l'alberaia sul muro dove il sangue
del drago si ripete nel cinabro.

Voci sul fiume, scoppi dalle rive,
o ritmico scandire di piroghe
nel vespero che cola
tra le chiome dei noci, ma dov'è
la lenta processione di stagioni
che fu un'alba infinita e senza strade,
dov'è la lunga attesa e qual è il nome
del vuoto che ci invade.

Il sogno è questo: un vasto,
interminato giorno che rifonde
tra gli argini, quasi immobile, il suo bagliore
e ad ogni svolta il buon lavoro dell'uomo,
il domani velato che non fa orrore.
E altro ancora era il sogno, ma il suo riflesso
fermo sull'acqua in fuga, sotto il nido
del pendolino, aereo e inaccessibile,
era silenzio altissimo nel grido
concorde del meriggio ed un mattino
più lungo era la sera, il gran fermento
era grande riposo.
                    Qui...il colore
che resiste è del topo che ha saltato
tra i giunchi o col suo spruzzo di metallo
velenoso, lo storno che sparisce
tra i fumi della riva.

Boats on the Marne

An orange cork-float drifts with the current
which eddies round overhanging bridges.
The chalk moon's a shadow of the sunlight,
and boats on the river seem half in flight.
The city builds behind as sluggish surf.
With measured oar-strokes follow the meadow;
the butterfly catcher's there with his net,
and in the tree branches mapped on the wall,
the dragon's blood is told in a red wash.

Voices hang on the river; one can hear
the rhythmic dipping of a canoe's oars
break through the dense massing of chestnut trees.
The orderly procession of seasons
is swallowed by the void. My memory
evokes the dream:

the day's an unending motionless glare;
the light is shared between two banks which seem
to ward off the encroachment of danger.
The water reflects pigments of my dream
anchored beneath the tit's nest,
unreachable in air. An echo thins,
the pivot of that bright day swings to rest...

What lives on here's the colour of the rat
leaping through grasses, or the sudden dash
of poisonous green metal – the starling's spurt
before disappearing into the mist.

Un altro giorno,
ripeti – o che ripeti? E dove porta
questa bocca che brùlica in un getto
solo?
La sera è questa. Ora possiamo
scendere fino a che s'accenda l'Orsa.

(Barche sulla Marna, domenicali, in corsa
nel dì della tua festa).

Another day you say again, or what
do your words mean? And where will it carry
this mouth contorted by its gesture?
        Now evening reddens.
We drift downriver aiming for the Bear;
the constellation tingles.

(Sunday boats on the Marne, racing
on your anniversary.)

Nuove stanze

Poi che gli ultimi fili di tabacco
al tuo gesto si spengono nel piatto
di cristallo, al soffitto lenta sale
la spirale del fumo
che gli alfieri e i cavalli degli scacchi
guardano stupefatti; e nuovi anelli
la seguono, più mobili di quelli
delle tue dita.

La morgana che in cielo liberava
torri e ponti è sparita
al primo soffio; s'apre la finestra
non vista el il fumo s'agita. Là in fondo,
altro stormo si muove: una tregenda
d'uomini che non sa questo tuo incenso,
nella scacchiera di cui puoi tu sola
comporre il senso.

Il mio dubbio d'un tempo era se forse
tu stessa ignori il giuoco che si svolge
sul quadrato e ora è nembo alle tue porte:
follìa di morte non si placa a poco
prezzo, se poco è il lampo del tuo sguardo,
ma domanda altri fuochi, oltre le fitte
cortine che per te fomenta il dio
del caso, quando assiste.

Oggi so ciò che vuoi; batte il suo fioco
tocco la Martinella ed impaura
le sagome d'avorio in una luce
spettrale di nevaio. Ma resiste
e vince il premio della solitaria
veglia chi può con te allo specchio ustorio
che accieca le pedine opporre i tuoi
occhi d'acciaio.

New Stanzas

Decisively you extinguish the last
red tobacco shreds in the crystal dish –
an heirloom left over from your rich past,
much as the retinue of your chessboard,
ivory knights and bishops will outlast
the sinuous smoke spirals you dispel
ceilingwards, a mist that obscures the hoard
of knuckled gold that burns on your fingers.

The heaven-sent messenger who disclosed
ethereal cities of the rainbow
to you in reverie has disappeared.
Your eyes snap back from that unseen window
to agitations of smoke, and a pack
of troubled thoughts bred by the underworld
clouds the features of each heraldic face.
You wear fear like a mule a heavy pack.

Watching you thus, I doubt whether you know
what game is played beneath you on the square.
Chain-smoking, you set up a beacon's glow
against the marauding black wolf of death.
Your vigil shows this, and it's in your stare,
a lightning awareness of other fires
staked out around you in the pit below.
You sniff their embers and await the flare.

Il ritorno

Bocca di Magra

Ecco bruma e libeccio sulle dune
sabbiose che lingueggiano
e là celato dall'incerto lembo
o alzato dal va-e-vieni delle spume
il barcaiolo Duilio che traversa
in lotta sui suoi remi; ecco il pimento
dei pini che più terso
si dilata tra pioppi e saliceti,
e pompe a vento battere le pale
e il viottolo che segue l'onde dentro
la fiumana terrosa
funghire velenoso d'ovuli; ecco
ancora quelle scale
a chiocciola, slabbrate, che s'avvitano
fin oltre la veranda
in un gelo policromo d'ogive,
eccole che t'ascoltano, le nostre vecchie scale,
e vibrano al ronzìo
allora che dal cofano tu ridésti leggera
voce di sarabanda
o quando Erinni fredde ventano angui
d'inferno e sulle rive una bufera
di strida s'allontana; ed ecco il sole
che chiude la sua corsa, che s'offusca
ai margini del canto – ecco il tuo morso
oscuro di tarantola: son pronto.

The Return
Mouth of the Magra

The gusty siftings of the libeccio
remould the sand-dunes. On the estuary
the boatman Duilio makes uncertain
sweeps with his oar at the beer-head of foam.
Pines pungently spice the air
infiltrating through poplars and willows
and windmills clatter beside a flood-path
that's ferric red. Here the familiar
spiralling homeward steps begin,
forcing a way up to the verandah.
And here they are listening out for your tread,
interrogating its rhythm. They're shaken
by the hum when you instruct a saraband
or resonate when a storm's
cold furies arrive with snaking thrusts.
And in the aftermath, a dull sun
concludes at the corner's edges.
I tense, ready for your dark
tarantula bite; its venomous poison won.

Notizie dall'Amiata

Il fuoco d'artifizio del maltempo
sarà murmure d'arnie a tarda sera.
La stanza ha travature
tarlate ed un sentore di meloni
penetra dall'assito. Le fumate
morbide che risalgono una valle
d'elfi e di funghi fino al cono diafano
della cima m'intorbidano i vetri,
e ti scrivo di qui, da questo tavolo
remoto, dalla cellula di miele
di una sfera lanciata nello spazio –
e le gabbie coperte, il focolare
dove i marroni esplodono, le vene
di salnitro e di muffa sono il quadro
dove tra poco romperai. La vita
che t'affàbula è ancora troppo breve
se ti contiene! Schiude la tua icona
il fondo luminoso. Fuori piove.

* * *

E tu seguissi le fragili architetture
annerite dal tempo e dal carbone,
i cortili quadrati che hanno nel mezzo
il pozzo profondissimo; tu seguissi
il volo infagottato degli uccelli
notturni e in fondo al borro l'allucciolìo
della Galassia, la fascia d'ogni tormento.
Ma il passo che risuona a lungo nell'oscuro
è di chi va solitario e altro non vede
che questo cadere di archi, di ombre e di pieghe.

News from Mount Amiata

The crackling firework of sultry weather
turns to a beehive simmer of thunder
by nightfall. Here beneath worm-eaten beams
in a room redolent of stored melons,
I watch storm clouds chase across the valley
and stack their freight above the summit's cone.
I write to you from here; the honey-cell
of a comb rocking on the brink of space;
my birdcages draped, and popping chestnuts
exploding in the grate. A sudden flash
illuminates your face as the icon
I've cut out of the mould of memory.
It quivers burningly. Outside it rains.

If it was you who ran into the light,
emerging from arcades blackened by coal,
and through square courtyards, skirting hidden wells
secret like oubliettes, or braved the flight
of nocturnal birds gone up high like stars
into the ice-whirl of the galaxy,
then I could find peace in your transience.
But the footstep that echoes in the dark
is of a night-walker who picks his way
through arches, unaware of my torment.

Le stelle hanno trapunti troppo sottili,
l'occhio del campanile è fermo sulle due ore,
i rampicanti anch'essi sono un'ascesa
di tenebre ed il loro profumo duole amaro.
Ritorna domani più freddo, vento del nord,
spezza le antiche mani dell'arenaria,
sconvolgi i libri d'ore nei solai,
e tutto sia lente tranquilla, dominio, prigione
del senso che non dispera! Ritorna più forte
vento di settentrione che rendi care
le catene e suggelli le spore del possibile!
Son troppo strette le strade, gli asini neri
che zoccolano in fila dànno scintille,
dal picco nascosto rispondono vampate di magnesio.
Oh il gocciolìo che scende a rilento
dalle casipole buie, il tempo fatto acqua,
il lungo colloquio coi poveri morti, la cenere, il vento,
il vento che tarda, la morte, la morte che vive!

* * *

Questa rissa cristiana che non ha
se non parole d'ombra e di lamento
che ti porta di me? Meno di quanto
t'ha rapito la gora che s'interra
dolce nella sua chiusa di cemento.
Una ruota di mola, un vecchio tronco,
confini ultimi al mondo. Si disfà
un cumulo di strame: e tardi usciti
a unire la mia veglia al tuo profondo
sonno che li riceve, i porcospini
s'abbeverano a un filo di pietà.

Tonight the stars are too articulate;
the creeper smells of rain; its bitter scent
recalling you. An iron bell rings two
strokes from the square, and with it the portent
of a wind changing quarter to the North,
promises a dawn sky of flying cloud.
Above the chestnuts, I smell pieties;
old books, incense, truncated statuary,
a town's miasma the wind will erase.
Already I anticipate the day,
the narrow streets loud with the clattering
of a chain of black donkeys kicking sparks,
and from the mountain, the storm's aftermath
intermittent with magnesium flarings.
But in this false dawn, time's turned to water,
torrential in its pouring from gutters
into the streets. The wind's long dialogue
is with the dead; they provide no answers.

This colloquy enacted in my cell,
conveys little of my despair to you;
a gulf divides us. Words are like the silt
graining a pond's contact-lens in cement.
Only old symbols speak of my lament –
a mill-wheel, an old trunk, last frontier-marks
of my solitude. Here a pile of straw's
suddenly thrashed, and in the upheaval,
porcupines emerge, parched for the munificent
rainwater, drinking thirstily.
Our union's severed in the blowing dark.

THE STORM AND MORE
LA BUFERA E ALTRO
1940-1954

La Bufera

Les princes n'ont point d'yeux pour voir ces grand's merveilles,
Leurs mains ne servent plus qu'à nous persécuter...
AGRIPPA D'AUBIGNÉ, À Dieu

La bufera che sgronda sulle foglie
dure della magnolia i lunghi tuoni
marzolini e la grandine,

(i suoni di cristallo nel tuo nido
notturno ti sorprendono, dell'oro
che s'è spento sui mogani, sul taglio
dei libri rilegati, brucia ancora
una grana di zucchero nel guscio
delle tue palpebre)

il lampo che candisce
alberi e muri e li sorprende in quella
eternità d'istante – marmo manna
e distruzione – ch'entro te scolpita
porti per tua condanna e che ti lega
più che l'amore a me, strana sorella, –

e poi lo schianto rude, i sistri, il fremere
dei tamburelli sulla fossa fuia,
lo scalpicciare del fandango, e sopra
qualche gesto che annaspa...
                            Come quando
ti rivolgesti e con la mano, sgombra
la fronte dalla nube dei capelli,

mi salutasti – per entrar nel buio.

From FINISTERRE

The Storm

Les princes n'ont point d'yeux pour voir ces grand's merveilles,
Leurs mains ne servent plus qu'à nous persécuter...
AGRIPPA D'AUBIGNÉ, À Dieu

The storm streaming down on the hard
leaves of the magnolia with thunder-flashes
of March and violent hail,

(sounds of crystal surprise you
in your night-lair, and the gold
has gone dead on mahogany pieces
and the edges of bound books, and only
a sugar grain still burns
in the shell of your eyelid)

the flicker that crystallises
trees and walls, and surprises them
in its momentary intensity – marble, manna
and destruction – which written into you
as something ruinous still binds you more
than love to me, strange sister –
then the rough crash, the pulsating quiver
of tambourines over the blackened pit,
the fandango's menace, and on high
mad gestures thrown on the air...
                              As when
you turned and with your hand rucked back
a cloud of hair –

greeted me to step off into the dark.

Lungomare

Il soffio cresce, il buio è rotto a squarci,
e l'ombra che tu mandi sulla fragile
palizzata s'arriccia. Troppo tardi

se vuoi esser te stessa! Dalla palma
tonfa il sorcio, il baleno è sulla miccia,
sui lunghissimi cigli del tuo sguardo.

Sea Front

The gust increases, the sky turns agate;
your shadow thrown against the frail railing
is less than a tenth of you. It's too late

to learn your own identity. A flash;
a rat drops from the palm, now lightning flicks
a short fuse on to each sweeping eyelash.

Su una lettera non scritta

Per un formicolìo d'albe, per pochi
fili su cui s'impigli
il fiocco della vita e s'incollani
in ore e in anni, oggi i delfini a coppie
capriolano coi figli? Oh ch'io non oda
nulla di te, ch'io fugga dal bagliore
dei tuoi cigli. Ben altro è sulla terra.

Sparir non so né riaffacciarmi; tarda
la fucina vermiglia
della notte, la sera si fa lunga,
la preghiera è supplizio e non ancora
tra le rocce che sorgono t'è giunta
la bottiglia dal mare. L'onda, vuota,
si rompe sulla punta, a Finisterre.

On a Letter Unwritten

For the recurrent blueness of sea dawns,
or for an instinctive thread that they chase
into hours and years, today the dolphins
in pairs disport with their young in the bay.
Your homing's different; it finds me out
with the swiftness of lightning searing space.
I cannot face you nor yet run away;

the earth's a tiny cone and shelterless.
And still it holds back, the scarlet furnace
of evening reddening above the sea.
Prayer becomes torture, and distraction's worse,
searching for a bottle below the sheer
rockface, fishing for a message. The wave
emptily breaks on rocks at Finisterre.

Nel sonno

Il canto delle strigi, quando un'iride
con intermessi palpiti si stinge,
i gemiti e i sospiri
di gioventù, l'errore che recinge
le tempie e il vago orror dei cedri smossi
dall'urto della notte – tutto questo
può ritornarmi, traboccar dai fossi,
rompere dai condotti, farmi desto
alla tua voce. Punge il suono d'una
giga crudele, l'avversario chiude
la celata sul viso. Entra la luna
d'amaranto nei chiusi occhi, è una nube
che gonfia; e quando il sonno la trasporta
più in fondo, è ancora sangue oltre la morte.

In Sleep

Tone's everything; the shriek of the screech-owl
or the intermittent quiver of butterflies
dying from frailty, these are heard, so too
the indiscernible click of the mind
framing terror; a garrotte wire slipped round
the temples. Sometimes it's upturned cedars
crash at the onrush of sleep, or the sound
of burst waterpipes, the churn of a ditch
soaking a deluge. This concordance keeps
me listening to you on the edge of sleep,
before the delirium of a dance
breaks through, the dancer in a steel visor...
The moon swims in behind my closed eyelids
and becomes a mauve cloud, sleep sucks it in.
Death is a blood-drop balanced on a pin.

E

Serenata indiana

È pur nostro il disfarsi delle sere.
E per noi è la stria che dal mare
sale al parco e ferisce gli aloè.

Puoi condurmi per mano, se tu fingi·
di crederti con me, se ho la follia
di seguirti lontano e ciò che stringi,

ciò che dici, m'appare in tuo potere.

* * *

Fosse tua vita quella che mi tiene
sulle soglie – e potrei prestarti un volto,
vaneggiarti figura. Ma non è,

non è così. Il polipo che insinua
tentacoli d'inchiostro tra gli scogli
può servirsi di te. Tu gli appartieni

e non lo sai. Sei lui, ti credi te.

Indian Serenade

Our moment comes when the evening reddens,
a long eyebrow that arches from the sea,
flooding the park, tinting the aloes pink.

If you can make believe you're here with me,
then I can follow you invisibly,
aware that abjuration of your power
takes me step by step to the edge...

If your life held me back on a thin ledge
then I could lend you an anatomy,
a face, perfection of a shape.

But it's not true. The polyp that insinuates
its octopus tentacles between rocks
could syphon life from you. You feed him blood

and he grows inky blue.
You're part of him and yet you think you're you.

Finestra fiesolana

Qui dove il grillo insidioso buca
i vestiti di seta vegetale
e l'odor della canfora non fuga
le tarme che sfarinano nei libri,
l'uccellino s'arrampica a spirale
su per l'olmo ed il sole tra le frappe
cupo invischia. Altra luce che non colma,
altre vampe, o mie edere scarlatte.

A Window at Fiesole

Insistently a cricket penetrates
so many layers of vegetable silk.
A scent of camphor rises, but can't rout
the moths that fragment dustily in books,
while a small bird creeps round and spirals up
an elm tree's bulk, and stabs a sun that dives
in its green whirl. Another transient gleam,
and in the scarlet ivies, other fires.

Personae separatae

Come la scaglia d'oro che si spicca
dal fondo oscuro e liquefatta cola
nel corridoio dei carrubi ormai
ischeletriti, così pure noi
persone separate per lo sguardo
d'un altro? È poca cosa la parola,
poca cosa lo spazio in questi crudi
noviluni annebbiati: ciò che manca,
e che ci torce il cuore e qui m'attarda
tra gli alberi, ad attenderti, è un perduto
senso, o il fuoco, se vuoi, che a terra stampi,
figure parallele, ombre concordi,
aste di un sol quadrante i nuovi tronchi
delle radure e colmi anche le cave
ceppaie, nido alle formiche. Troppo
straziato è il bosco umano, troppo sorda
quella voce perenne, troppo ansioso
lo squarcio che si sbiocca sui nevati
gioghi di Lunigiana. La tua forma
passò di qui, si riposò sul riano
tra le nasse atterrate, poi si sciolse
come un sospiro, intorno – e ivi non era
l'orror che fiotta, in te la luce ancora
trovava luce, oggi non più che al giorno
primo già annotta.

Personae separatae

A split-off meltingly gold scale
detached from moonlight and flaring
above an avenue of Judas trees
blasted to skeletons, suggests we too
are light and dark to each other, a gulf
divides us. Words are all that people space
despite the new moon's flooding through.
What's needed is a lost sense,
or the fire that prints the earth
with parallel dance figures, and ignites
in hollow tree-stumps, nesting place of ants.
We could be one shadow pointing to time,
but it is otherwise. The wood's ragged
in which I wait for you; a single bird's
too insistent in its monotony;
a cloud gap winks above the snow-ridges
of Lunigiana. You came this way,
and rested by a heap of lobster-pots,
then disappeared. In you a light still burns
above a dark that could be the first day.

L'arca

La tempesta di primavera ha sconvolto
l'ombrello del salice,
al turbine d'aprile
s'è impigliato nell'orto il vello d'oro
che nasconde i miei morti,
i miei cani fidati, le mie vecchie
serve – quanti da allora
(quando il salce era biondo e io ne stroncavo
le anella con la fionda) son calati,
vivi, nel trabocchetto. La tempesta
certo li riunirà sotto quel tetto
di prima, ma lontano, più lontano
di questa terra folgorata dove
bollono calce e sangue nell'impronta
del piede umano. Fuma il ramaiolo
in cucina, un suo tondo di riflessi
accentra i volti ossuti, i musi aguzzi
e li protegge in fondo la magnolia
se un soffio ve la getta. La tempesta
primaverile scuote d'un latrato
di fedeltà la mia arca, o perduti.

The Ark

The spring thunderstorm has ravaged
the willow's crown.
April's unpredictable whirlwind
smashing through the garden has lifted
the golden fleece from my dead,
my faithful dogs, my old servants –
so many since the days
when the willow was blond, and I slashed
its curls off with my sling – have dropped,
still alive, into the pit. Surely the storm
will reunite them under the old roof,
but far away from here
beyond this land brutalised by the heat
where lime and blood seethe in the baked outline
of the human foot. A copper pot steams
in the kitchen; its shimmer
holds bony faces, pointed muzzles,
and behind them, the magnolia's a shield
if the gust rises. The spring
thunderstorm shakes my ark
barking its certainty to the lost ones.

Giorno e notte

Anche una piuma che vola può disegnare
la tua figura, o il raggio che gioca a rimpiattino
tra i mobili, il rimando dello specchio
di un bambino, dai tetti. Sul giro delle mura
strascichi di vapore prolungano le guglie
dei pioppi e giù sul trespolo s'arruffa il pappagallo
dell'arrotino. Poi la notte afosa
sulla piazzola, e i passi, e sempre questa dura
fatica di affondare per risorgere eguali
da secoli, o da istanti, d'incubi che non possono
ritrovare la luce dei tuoi occhi nell'antro
incandescente – e ancora le stesse grida e i lunghi
pianti sulla veranda
se rimbomba improvviso il colpo che t'arrossa
la gola e schianta l'ali, o perigliosa
annunziatrice dell'alba,
e si destano i chiostri e gli ospedali
a un lacerìo di trombe...

Day and Night

Even a feather floating in the air
can sketch your figure, or the blue sunbeam
skirting the furniture, the reflection
of a child's mirror flashed from a roof-top.
On the circuit of walls, vaporous steam
elongates the needling poplars,
and the knife-grinder's parrot down below
is a green temper of ruffled plumage
on a trestle. The stifling night
drops on the square; footsteps reverberate.
It's hard this breathless struggle, going down
to rise again from a nightmare that lasts
centuries, or moments, and win back
the light of your eyes in the glowing cave.
Now it begins, the agonised
cries of someone drawn to a balcony...
And it could still happen, a sudden shot
ring out, reddening the throat and shattered wings
of the dawn's dangerous and inimical messenger,
and the cloisters and hospitals wake
to the strident brass of trumpets...

Da 'FLASHES' E DEDICHE

Verso Siena

Ohimé che la memoria sulla vetta
non ha chi la trattenga!

(La fuga dei porcelli sull'Ambretta
notturna al sobbalzare della macchina
che guada, il carillon di San Gusmè
e una luna maggenga, tutta macchie…).

La scatola a sorpresa ha fatto scatto
sul punto in cui il mio Dio gittò la maschera
e fulminò il ribelle.

La trota nera
Reading

Curvi sull'acqua serale
graduati in Economia,
Dottori in Divinità,
la trota annusa e va via,
il suo balenio di carbonchio
è un ricciolo tuo che si sfa
nel bagno, un sospiro che sale
dagli ipogei del tuo ufficio.

From SNAPSHOTS AND DEDICATIONS

Towards Siena

Once its course is determined, memory
strains on an irreversible leash...

(The nocturnal flight of pigs on mudflats
at Ambretta, the car jockeying to ford the river,
the carillon of San Gusmè,
a moon in May, pocked with black leopard spots...)

The coiled jack-in-the-box springs open,
the tutelary god divests his mask,
the lightning of his issue chars the pen.

The Black Trout
Reading

At evening bent over sidling water,
graduates in economics,
Doctors of divinity,
are intense in their scrutiny.
The trout senses their reflections and flares,
showing a coral black rainbow
like one of your curls come undone
in the bath, you are shadowy
in the depths of your office block.

Di un natale metropolitano
Londra

Un vischio, fin dall'infanzia sospeso grappolo
di fede e di pruina sul tuo lavandino
e sullo specchio ovale ch'ora adombrano
i tuoi ricci bergère fra santini e ritratti
di ragazzi infilati un po' alla svelta
nella cornice, una caraffa vuota,
bicchierini di cenere e di bucce,
le luci di Mayfair, poi a un crocicchio
le anime, le bottiglie che non seppero aprirsi,
non più guerra né pace, il tardo frullo
di un piccione incapace di seguirti
sui gradini automatici che ti slittano in giù…

Lasciando un 'Dove'
Cattedrale di Ely

Una colomba bianca m'ha disceso
fra stele, sotto cuspidi dove il cielo s'annida.
Albe e luci, sospese; ho amato il sole,
il colore del miele, or chiedo il bruno,
chiedo il fuoco che cova, questa tomba
che non vola, il tuo sguardo che la sfida.

142

Metropolitan Christmas
London

Mistletoe frosting above your basin,
reflected in the oval mirror where
your curls shake out a dark storm, brings to mind
childhood's white berried cluster. Personal things,
your paper saints, and portraits of young men
angled askew and fading in their frames,
group round an empty decanter,
a glass resinous with blue incense ash.
From the window, the lights over Mayfair,
the season's neutralised hostilities
aren't reflected in the tentative steps
of people cat-walking zebra-crossings.
We ducked, the whirr of a pigeon's feathers
whisked us, diving for the escalator...

Leaving a Dove
Ely Cathedral

A white dove it was that brought me here,
contemplating stelae under high vaults,
the light held in suspension, the gold sun
a propitiatory memory.
I ask for the dark's smouldering embers,
this tomb that's rooted in a fixity
you'd have levitate, and you dare it to.

Argyll Tour
Glasgow

I bimbi sotto il cedro, funghi o muffe
vivi dopo l'acquata,
il puledrino in gabbia
con la scritta 'mordace',
nafta a nubi, sospese
sui canali murati,
fumate di gabbiani, odor di sego
e di datteri, il mugghio del barcone,
catene che s'allentano
– ma le tue le ignoravo –,
                                        sulla scia
salti di tonni, sonno, lunghe strida
di sorci, oscene risa, anzi che tu
apparissi al tuo schiavo...

Verso Finistère

Col bramire dei cervi nella piova
d'Armor l'arco del tuo ciglio s'è spento
al primo buio per filtrare poi
sull'intonaco albale dove prillano
ruote di cicli, fusi, razzi, frange
d'alberi scossi. Forse non ho altra prova
che Dio mi vede e che le tue pupille
d'acquamarina guardano per lui.

Argyll Tour
Glasgow

Kids under the cedar, the wet weather
had nourished fungi, hand-painted mildew;
naptha hung in the clouds above channels
where gulls spiralled into a white corkscrew.
I smelt the odour of suet, piddocks,
and heard chains easing off a blaring barge –
your ties were unravelled in memory,
slipping free in the wake of the tunny,
and through sleep, rat-scratchings, reaching me here,
altered, fumbling the key to my fetlock.

Towards Finistère

Stags bellowing in the rain at Armor,
the sudden dark preceding the downpour
extinguished the fire burning in the arc
of your eyelash. Now it returns at dawn,
the light you filter on to a brushed sky
of rain-washed green – the clouds like treetops whirl.
If he is watching me invisibly,
my proof's in your aquamarine pupils
which also point towards infinity.

Sul Llobregat

Dal verde immarcescibile della canfora
due note, un intervallo di terza maggiore.
Il cucco, non la civetta, ti dissi; ma intanto, di scatto,
tu avevi spinto l'acceleratore.

Dal treno

Le tortore colore solferino
sono a Sesto Calende per la prima
volta a memoria d'uomo. Così annunziano
i giornali. Affacciato al finestrino,
invano le ho cercate. Un tuo collare,
ma d'altra tinta, sì, piegava in vetta
un giunco e si sgranava. Per me solo
balenò, cadde in uno stagno. E il suo
volo di fuoco m'accecò sull'altro.

On the Llobregat

Two notes, an interval of a major third,
issued from the invincible green of a camphor
tree, a cuckoo, not an owl, I explained.
Already you'd slammed down the accelerator.

From the Train

For the first time in living memory
scarlet turtle doves have returned
to Sesto Calende. My eyes periscope
from the newspaper to the train window's
reversal of the landscape. Your collar
might be that red but it's another.
What I see's the flash of a bulrush feather
turn pink in a pool, the fire of its flight
proving correlates are individual.

Siria

Dicevano gli antichi che la poesia
è scala a Dio. Forse non è così
se mi leggi. Ma il giorno io lo seppi
che ritrovai per te la voce, sciolto
in un gregge di nuvoli e di capre
dirompenti da un greppo a brucar bave
di pruno e di falasco, e i volti scarni
della luna e del sole si fondevano,
il motore era guasto ed una freccia
di sangue su un macigno segnalava
la via di Aleppo.

Syria

The ancients said that poetry
is the dream-ladder to God. My work
lacked that directive, but I knew it the day
your voice spoke through me
restoring my own, up there in a flock
of summit-clouds and goats
bursting out of a ditch to crop blackthorn
and wire-grass, and the opposing faces
of sun and moon fused in one mirror;
the car had broken down and an arrow
of blood on a boulder pointed
the way to Aleppo.

Luce d'inverno

Quando scesi dal cielo di Palmira
su palme nane e propilei canditi
e un'unghiata alla gola m'avvertì
che mi avresti rapito,

quando scesi dal cielo dell'Acropoli
e incontrai, a chilometri, cavagni
di polpi e di murene
(la sega di quei denti
sul cuore rattrappito!),

quando lasciai le cime delle aurore
disumane pel gelido museo
di mummie e scarabei (tu stavi male,
unica vita) e confrontai la pomice
e il diaspro, la sabbia e il sole, il fango
e l'argilla divina –
                alla scintilla
che si levò fui nuovo e incenerito.

Winter Light

When I dropped down from the sky above
Palmyra, dwarf pines and porches mirrored
the crystalline light, and a red
nail mark upon my throat was a premonition
of your intentions. When I came down
from the azure above the Acropolis,
I encountered creels of octopus and eel,
a raw-fleshed gelatinous slime, their teeth
worked like a saw on my contracting heart...
And when I left the great inhuman peaks
for the icy sarcophagi of museums,
and faced mummies and scarabs, jasper
and pumice, the demiurge baked in mud
and sand over incandescent millennia,
at the sign of a spark I was recreated
and my brilliance burned to ashes.

Per un 'Omaggio a Rimbaud'

Tardi uscita dal bozzolo, mirabile
farfalla che disfiori da una cattedra
l'esule di Charleville,
oh non seguirlo nel suo rapinoso
volo di starna, non lasciar cadere
piume stroncate, foglie di gardenia
sul nero ghiaccio dell'asfalto! Il volo
tuo sarà più terribile se alzato
da quest'ali di polline e di seta
nell'alone scarlatto in cui tu credi,
figlia del sole, serva del suo primo
pensiero e ormai padrona sua lassù...

* * *

Homage to Rimbaud

Emerging from her fragile chrysalis
a brilliant butterfly patrols the desk
of the recurrent exile from Charleville.
His flight was that of an arrowed partridge,
its feathers singed by marksmen.
Gardenias glint in the asphalt's black ice.
The butterfly touches a silk pollen
beneath the sun's scarlet halo.
He's elsewhere now, returned to the first source.
He owns the sky; his angel guards the bridge.

* * *

Da SILVAE

Nel parco

Nell'ombra della magnolia
che sempre più si restringe,
a un soffio di cerbottana
la freccia mi sfiora e si perde.

Pareva una foglia caduta
dal pioppo che a un colpo di vento
si stinge – e fors'era una mano
scorrente da lungi tra il verde.

Un riso che non m'appartiene
trapassa da fronde canute
fino al mio petto, lo scuote
un trillo che punge le vene,

e rido con te sulla ruota
deforme dell'ombra, mi allungo
disfatto di me sulle ossute
radici che sporgono e pungo

con fili di paglia il tuo viso…

In the Park

Under the magnolia's indian-
ink shadow, something imperceptible,
a puffball or feathered dart
finds me a moment and is gone...

It could have been a poplar leaf
the wind uncolours in its fall;
a hand stretched out that never reached
an unhooked tingling spider's ball?

A laughter I don't recognise
shakes me with its possession;
delirium jabs through my veins,
I see that we're in unison,

you too are caught up on the warped
wheel of shade; I'm myself and not,
and turning over on sharp roots,
I try to unravel the knot,

needling your face with bits of straw...

Proda di Versilia

I miei morti che prego perché preghino
per me, per i miei vivi com'io invoco
per essi non resurrezione ma
il compiersi di quella vita ch'ebbero
inesplicata e inesplicabile, oggi
più di rado discendono dagli orizzonti aperti
quando una mischia d'acque e cielo schiude
finestre ai raggi della sera, – sempre
più raro, astore celestiale, un cutter
bianco-alato li posa sulla rena.

Broli di zinnie tinte ad artificio
(nonne dal duro sòggolo le annaffiano,
chiuse lo sguardo a chi di fuorivia
non cede alle impietose loro mani
il suo male), cortili di sterpaglie
incanutite dove se entra un gatto
color frate gli vietano i rifiuti
voci irose; macerie e piatte altane
su case basse lungo un ondulato
declinare di dune e ombrelle aperte
al sole grigio, sabbia che non nutre
gli alberi sacri alla mia infanzia, il pino
selvatico, il fico e l'eucalipto.

A quell'ombre i primi anni erano folti,
gravi di miele, pur se abbandonati;
a quel rezzo anche se disteso sotto
due brandelli di crespo punteggiati
di zanzare dormivo nella stanza
d'angolo, accanto alla cucina, ancora
nottetempo o nel cuore d'una siesta
di cicale, abbagliante nel mio sonno,
travedevo oltre il muro, al lavandino,
care ombre massaggiare le murene
per respingerne in coda, e poi reciderle,
le spine; a quel perenne alto stormire
altri perduti con rastrelli e forbici
lasciavano il vivaio

Beach in Versilia

I pray to the dead that they pray for me;
alive we ask fulfilment of the inexplicable.
I look to the horizon where a wash
of sky and sea
touches the windows in the evening rays.
It's seldom now a goshawk planes the blue,
or a flying white cutter sweeps the bay.
I think back, was it yesterday

beds of artfully coloured zinnia
watered by poker-stiff starched grandmothers
gave on to lichened courtyards where a cat
disputed leftovers and was refused?
Everything's changed. The skyline's restoried.
Houses look out across descending dunes
and beach umbrellas to a scorching sand
that once nurtured trees dear to my childhood –
the wild pine, fig, the eucalyptus tree.

Memories crowd back of those childhood days,
their resonance, their peopled solitude,
cicadas chirring through the siesta
haziness of my drowning sleep,
at night the buzzing mosquitoes
dotting two strips of crêpe over my cot.
Or waking at night in the corner room,
I'd watch shadows pommel the moray eels,
forcing the bones back to stiffen the tail
before excising them. Later that day
I'd hear the swish of garden rakes and shears
endlessly competing with accretions

dei fusti nani per i sempreverdi
bruciati e le cavane avide d'acqua.

Anni di scogli e di orizzonti stretti
a custodire vite ancora umane
e gesti conoscibili, respiro
o anelito finale di sommersi
simili all'uomo o a lui vicini pure
nel nome: il pesce prete, il pesce rondine,
l'àstice – il lupo della nassa – che
dimentica le pinze quando Alice
gli si avvicina... e il volo da trapezio
dei topi familiari da una palma
all'altra; tempo che fu misurabile
fino a che non s'aperse questo mare
infinito, di creta e di mondiglia.

of weed in the green nursery –
evergreens forming a windbreak from the sea.

Years of inshore reefs, narrow horizons,
a child's recognition of other lives
which resemble man in part, and gasping out
their last breath before extinction
are distinctly remembered: the priestfish,
swallowfish, the wolfishly marauding lobster
with its nutcracker pincers;
the trapeze flight of mice from palm to palm.
Time then was measurable. Now there appears
this wide sea's muddy sediment thrown up to light.

La primavera hitleriana

Né quella ch'a veder lo sol si gira...
DANTE (?) a Giovanni Quirini

Folta la nuvola bianca delle falene impazzite
turbina intorno agli scialbi fanali e sulle spallette,
stende a terra una coltre su cui scriccia
come su zucchero il piede; l'estate imminente sprigiona
ora il gelo notturno che capiva
nelle cave segrete della stagione morta,
negli orti che da Maiano scavalcano a questi renai.

Da poco sul corso è passato a volo un messo infernale
tra un alalà di scherani, un golfo mistico acceso
e pavesato di croci a uncino l'ha preso e inghiottito,
si sono chiuse le vetrine, povere
e inoffensive benché armate anch'esse
di cannoni e giocattoli di guerra,
ha sprangato il beccaio che infiorava
di bacche il muso dei capretti uccisi,
la sagra dei miti carnefici che ancora ignorano il sangue
s'è tramutata in un sozzo trescone d'ali schiantate,
di larve sulle golene, e l'acqua séguita a rodere
le sponde e più nessuno è incolpevole.

Tutto per nulla, dunque? – e le candele
romane, a San Giovanni, che sbiancavano lente
l'orizzonte, ed i pegni e i lunghi addii
forti come un battesimo nella lugubre attesa
dell'orda (ma una gemma rigò l'aria stillando
sui ghiacci e le riviere dei tuoi lidi
gli angeli di Tobia, i sette, la semina
dell'avvenire) e gli eliotropi nati
dalle tue mani – tutto arso e succhiato
da un polline che stride come il fuoco
e ha punte di sinibbio...
                              Oh la piagata
primavera è pur festa se raggela
in morte questa morte! Guarda ancora
in alto, Clizia, è la tua sorte, tu

Hitlerian Spring

Né quella ch'a veder lo sol si gira...
DANTE (?) to Giovanni Quirini

A white cloud of moths crazily halo
the globed lamps on the embankment
and seem to throw a sheet over the ground
that sugar-crackles to the foot. The warmer air
disperses the night chill which seemed compressed
in secret pits of the dead season,
in orchards dropping from Maiano to these sands.

Minutes ago, Hell's emissary roared
through the high street; his supporters chanting.
A mystic gulf lit with swastikas swallowed him:
the shop windows are boarded, poor
defenceless sites they too are armed
with the toy instruments of war;
even the butcher's closed up shop – he whose berries
decorated the heads of slaughtered kids.
The ways of pacifists, still unstained by blood,
have turned to the hysteria of shattered wings,
of revenants at the river-edge, and the water
erodes the banks. No one now's without blame.

Was it for nothing roman candles flared
on the skyline at San Giovanni?
and the promises and valedictions
were part of an anxious waiting for the mob.
But brilliance streaked the air,
sparkled in the ice-packs; above your coastline
drifted Tobias' seven angels,
seeds of the future; heliotropes
born from your fingers – raspingly burnt out
by a pollen that hisses like fire
and has a blizzard's teeth...

Spring's still a festival if it freezes
this death of ours in death.
Look up into the sky, Clizia, you

161

F

che il non mutato amor mutata serbi,
fino a che il cieco sole che in te porti
si abbàcini nell'Altro e si distrugga
in Lui, per tutti. Forse le sirene, i rintocchi
che salutano i mostri nella sera
della loro tregenda, si confondono già
col suono che slegato dal cielo, scende, vince –
col respiro di un'alba che domani per tutti
si riaffacci, bianca ma senz'ali
di raccapriccio, ai greti arsi del sud...

who, changed, hold with an immutable love,
until the inner sun that lives in you
dazzles, and is eclipsed for everyone.
Perhaps the sirens, the discordant wail
that greets the bombers' night attack,
recalling a witches' sabbath is lost
to a sound from the high blue, one that wins
a universal dawn, white without wings,
flashing over burnt wadis of the south...

'L'ombra della magnolia...'

L'ombra della magnolia giapponese
si sfoltisce or che i bocci paonazzi
sono caduti. Vibra intermittente
in vetta una cicala. Non è più
il tempo dell'unìsono vocale,
Clizia, il tempo del nume illimitato
che divora e rinsangua i suoi fedeli.
Spendersi era più facile, morire
al primo batter d'ale, al primo incontro
col nemico, un trastullo. Comincia ora
la via più dura: ma non te consunta
dal sole e radicata, e pure morbida
cesena che sorvoli alta le fredde
banchine del tuo fiume, – non te fragile
fuggitiva cui zenit nadir cancro
capricorno rimasero indistinti
perché la guerra fosse in te e in chi adora
su te le stimme del tuo Sposo, flette
il brivido del gelo...Gli altri arretrano
e piegano. La lima che sottile
incide tacerà, la vuota scorza
di chi cantava sarà presto polvere
di vetro sotto i piedi, l'ombra è livida, –
è l'autunno, è l'inverno, è l'oltrecielo
che ti conduce e in cui mi getto, cèfalo
saltato in secco al novilunio.
Addio.

The Magnolia's Shadow

The Japanese magnolia's shadow thins
to less density now the purple buds
have fallen. A cicada's drumming note
sounds from the top. It's no longer a time
in which voices find unison,
Clizia; space is with the boundless god
who kills his faithful to grant them rebirth.
It was easier to burn out, to die
at the first flurry of wings, at the first
encounter with the enemy, a game.
Now a harder trial begins;
but not for you, fieldfare, scorched by the sun,
flitting above the cold wharf-piles
of the river, delicate fugitive
in whom zenith, nadir, cancer
and capricorn refused to register.
You are not bent by the crimpings of frost.
The war's inside you; the others retreat.
The cutting edge of the engraving file
falls silent; the singer's voice is an empty husk
soon to be glass-powder smudged underfoot.
The shadow's livid. It's autumn,
it's winter, it is the beyond
which leads you, a trajectory to the sky
in which I throw myself like a mullet
breaking water in the new moon.
                    Goodbye.

L'anguilla

L'anguilla, la sirena
dei mari freddi che lascia il Baltico
per giungere ai nostri mari,
ai nostri estuarî, ai fiumi
che risale in profondo, sotto la piena avversa,
di ramo in ramo e poi
di capello in capello, assottigliati,
sempre più addentro, sempre più nel cuore
del macigno, filtrando
tra gorielli di melma finché un giorno
una luce scoccata dai castagni
ne accende il guizzo in pozze d'acquamorta,
nei fossi che declinano
dai balzi d'Appennino alla Romagna;
l'anguilla, torcia, frusta,
freccia d'Amore in terra
che solo i nostri botri o i disseccati
ruscelli pirenaici riconducono
a paradisi di fecondazione;
l'anima verde che cerca
vita là dove solo
morde l'arsura e la desolazione,
la scintilla che dice
tutto comincia quando tutto pare
incarbonirsi, bronco seppellito;
l'iride breve, gemella
di quella che incastonano i tuoi cigli
e fai brillare intatta in mezzo ai figli
dell'uomo, immersi nel tuo fango, puoi tu
non crederla sorella?

* * *

The Eel

The eel, cold-water
siren, that leaves the Baltic
and journeys to our seas,
our estuaries, our rivers
enters them deep against the current,
narrows from branch to branch
inward from hairline to hairline into
the heart of stones, filtering
through runnelled slime until one day
a light blazed down from chestnut trees
tabbied its streak in standing pools
in the stream-beds shivering down
from Apennine rocks to the Romagna;
the eel, torch, whiplash,
earthly love-arrow
that only our gullies or dead
Pyrenean streams lead back
to a fecund paradise;
a green desire questing
for life where torrid drought
and desert proliferate,
the spark that says
everything begins when everything seems
the black charr of a buried stump;
the brief rainbow, a twin
to the other set in your forehead
which sparkles brilliantly among
generations immersed in mud, can you
not take her for a sister?

* * *

'Nubi color magenta...'

Nubi color magenta s'addensavano
sulla grotta di Fingal d'oltrecosta
quando dissi «pedala,
angelo mio!» e con un salto
il tandem si staccò dal fango, sciolse
il volo tra le bacche del rialto.

Nubi color di rame si piegavano
a ponte sulle spire dell'Agliena,
sulle biancane rugginose quando
ti dissi «resta!», e la tua ala d'ebano
occupò l'orizzonte
col suo fremito lungo, insostenibile.

Come Pafnuzio nel deserto, troppo
volli vincerti, io vinto.
Volo con te, resto con te; morire,
vivere è un punto solo, un groppo tinto
del tuo colore, caldo del respiro
della caverna, fondo, appena udibile.

Magenta coloured Clouds

Magenta clouds massed to a storm volume
across the coast, building at Fingal's Cave –
a black-jawed suction-hole ferried by waves.
At a signal from me the tandem broke free
from the rutted mud, hedges flashed berries,
our sudden flight had its own whizzing tune...

Copper clouds arched themselves into a bridge
above the spirals of Agliena.
The water for a moment turned to rust.
I pointed to the amber of the ridge,
but you were gone in one determined lift,
aimed at the skyline, fuzzing clouds of dust...

Wanting to win you so much, I lost out,
the way Pafnuzio faced desert sand.
In flight with you or sharing a centre,
I see life and death are strands in one knot
dyed the mauve of your sash. Now I breathe in
the cave's vapour; I unravel your plot.

Piccolo testamento

Questo che a notte balugina
nella calotta del mio pensiero,
traccia madreperlacea di lumaca
o smeriglio di vetro calpestato,
non è lume di chiesa o d'officina
che alimenti
chierico rosso, o nero.
Solo quest'iride posso
lasciarti a testimonianza
d'una fede che fu combattuta,
d'una speranza che bruciò più lenta
di un duro ceppo nel focolare.
Conservane la cipria nello specchietto
quando spenta ogni lampada
la sardana si farà infernale
e un ombroso Lucifero scenderà su una prora
del Tamigi, del Hudson, della Senna
scuotendo l'ali di bitume semi-
mozze dalla fatica, a dirti: è l'ora.
Non è un'eredità, un portafortuna
che può reggere all'urto dei monsoni
sul fil di ragno della memoria,
ma una storia non dura che nella cenere
e persistenza è solo l'estinzione.
Giusto era il segno: chi l'ha ravvisato
non può fallire nel ritrovarti.
Ognuno riconosce i suoi: l'orgoglio
non era fuga, l'umiltà non era
vile, il tenue bagliore strofinato
laggiù non era quello di un fiammifero.

Little Testament

Whatever beacon it is flickers
at night inside my mind,
a snail's nacreous glitter
or glass ground down,
is not a factory light
or a candle watched over
by a priest in red or black.
Only this rainbow is mine
to leave you as a token
of a faith hard won,
of a hope coaxed out of embers
in a slow burning log.
Keep its powder in your compact
when every light's extinguished,
and a tempestuous Lucifer
alights on a ferry's prow
in the Thames, Hudson, or the Seine,
with half sawn-off brimstone wings,
breathless with news that now's the time...
It's not an heirloom or a charm
that can withstand torrid monsoons
on a spider's memory-thread,
but a story endures in ash
and persistence is only extinction.
The sign was right: he who saw it
can never miss you again.
Each knows his own: pride
was not flight: humility
was not misplaced; the brief catch
of a flame struck down there, was from no match.

Il sogno del prigioniero

Albe e notti qui variano per pochi segni.

Il zigzag degli storni sui battifredi
nei giorni di battaglia, mie sole ali,
un filo d'aria polare,
l'occhio del capoguardia dallo spioncino,
crac di noci schiacciate, un oleoso
sfrigolìo dalle cave, girarrosti
veri o supposti – ma la paglia è oro,
la lanterna vinosa è focolare
se dormendo mi credo ai tuoi piedi.

La purga dura da sempre, senza un perché.
Dicono che chi abiura e sottoscrive
può salvarsi da questo sterminio d'oche;
che chi obiurga se stesso, ma tradisce
e vende carne d'altri, afferra il mestolo
anzi che terminare nel *pâté*
destinato agl'Iddii pestilenziali.

Tardo di mente, piagato
dal pungente giaciglio mi sono fuso
col volo della tarma che la mia suola
sfarina sull'impiantito,
coi kimoni cangianti delle luci
sciorinate all'aurora dai torrioni,
ho annusato nel vento il bruciaticcio
dei buccellati dai forni,
mi son guardato attorno, ho suscitato
iridi su orizzonti di ragnateli
e petali sui tralicci delle inferriate,
mi sono alzato, sono ricaduto
nel fondo dove il secolo è il minuto –
e i colpi si ripetono ed i passi,
e ancora ignoro se sarò al festino
farcitore o farcito. L'attesa è lunga,
il mio sogno di te non è finito.

The Prisoner's Dream

Dawn lacks distinction here from night.
Zigzagging formations peer from the towers
on days of battle. I rise with the dream
on an updraught of polar air.
The peephole opens and the jailer stares
at the report of cracking nuts. Below
an oily hissing rocks the floor.
Gold straw litters the cell; a wine-red lamp
outlines your figure sleeping by the door?

It never ends this senseless purge;
a mouth can go on talking without teeth.
We're all geese lined up for the massacre,
persuaded to retract, denounce, confess.
We're not the cooks but pâté
marked for the apocalyptic gods...

Head dazed, prickled by a knotty mattress,
I launch myself into imagined flight
with the moth-like termites my soles
rub to powder on the floor.
The window spaces are bright kimonos
turned iridescent by a frosting glow.
Sometimes the wind brings the smell of rock cakes
browning in an oven, or else I make the light
transform a spider-web to a rainbow.
I've risen and I've fallen back.
A century seems less than a minute...

The sound of stonebreaking resumes; footsteps
echo in corridors, a chink of light...
I will be meat sizzled upon a spit.
My dream of you will last all night.

SATURA
SATURA
1962-1970

Botta e risposta   I

I

«Arsenio» (lei mi scrive), «io qui 'asolante'
tra i miei tetri cipressi penso che
sia ora di sospendere la tanto
da te per me voluta sospensione
d'ogni inganno mondano; che sia tempo
di spiegare le vele e di sospendere
l'*epoché*.

Non dire che la stagione è nera ed anche le tortore
con le tremule ali sono volate al sud.
Vivere di memorie non posso più.
Meglio il morso del ghiaccio che il tuo torpore
di sonnambulo, o tardi risvegliato».

[lettera da Asolo]

II

Uscito appena dall'adolescenza
per metà della vita fui gettato
nelle stalle d'Augìa.

Non vi trovai duemila bovi, né
mai vi scorsi animali;
pure nei corridoi, sempre più folti
di letame, si camminava male
e il respiro mancava; ma vi crescevano
di giorno in giorno i muggiti umani.

Lui non fu mai veduto.
La geldra però lo attendeva
per il presentat-arm: stracolmi imbuti,
forconi e spiedi, un'infilzata fetida
di saltimbocca. Eppure
non una volta Lui sporse
cocca di manto o punta di corona
oltre i bastioni d'ebano, fecali.

Thrust and Reply

I

Your letter, Arsenio, finds me here
contemplative in a dark cypress grove.
It's time to suspend our reciprocal
belief in worldly delusion,
to spread our canvas as a running sail
withheld by its momentum.

The season's bleak, even the turtle doves
with quivering wings have migrated south.
It's not enough to live on memories,
sleepwalking like a late lethargic wasp,
rather I'd have blue ice bite underfoot.

[letter from Asolo]

II

Barely an adolescent, I was thrown
into the Augean stables; that dark blaze
has shut me in for half my life.
The memory still opens like a knife
of finding you breathless inside that maze
of stalls cobblestoned with gold dung;
and not an oxen, only what I took
to be the bellowing of a human.

The hero in his wild pelt wasn't there;
defunctive chutes, pitchforks, a fetid row
of beef olives, the dark, excremental,
not once did a club or straggled beard show...

Poi d'anno in anno – e chi più contava
le stagioni in quel buio? – qualche mano
che tentava invisibili spiragli
insinuò il suo memento: un ricciolo
di Gerti, un grillo in gabbia, ultima traccia
del transito di Liuba, il microfilm
d'un sonetto eufuista scivolato
dalle dita di Clizia addormentata,
un ticchettìo di zoccoli (la serva
zoppa di Monghidoro)
                              finché dai cretti
il ventaglio di un mitra ci ributtava,
badilanti infiacchiti colti in fallo
dai bargelli del brago.

Ed infine fu il tonfo: l'incredibile.

A liberarci, a chiuder gli intricati
cunicoli in un lago, bastò un attimo
allo stravolto Alfeo. Chi l'attendeva
ormai? Che senso aveva quella nuova
palta? e il respirare altre ed eguali
zaffate? e il vorticare sopra zattere
di sterco? ed era sole quella sudicia
esca di scolaticcio sui fumaioli,
erano uomini forse,
veri uomini vivi
i formiconi degli approdi?
. . . .
                              (Penso
che forse non mi leggi più. Ma ora
tu sai tutto di me,
della mia prigionia e del mio dopo;
ora sai che non può nascere l'aquila
dal topo).

How long was it, our standing in the dark;
the seasons must have passed invisibly?
A hand trying for impossible chinks
worked its mementoes through: a curl
of Gerti's, cricket in a cage, last mark
of Liuba's passage, the microfilm
of a euphuistic sonnet slipped
from Clizia's fingers while asleep.
We heard the clatter of wooden sandals
on the stone floor, but didn't understand.
Through the cracks I could see a black sten-gun
aimed to riddle us, caught like stablehands
knee-deep in slime, while the military police
deployed the yard. They smashed in at a run...

If we got free, then a blinding second
sufficed to swamp the tunnels in a lake.
We seemed to exchange the old for a new
miasma, a puddle of sucking mire;
the sun, a dungfly stationed on the wall.
Perhaps those men were only giant ants
on a landing-stage, or they weren't at all?

Escaped, my prison has become my house;
you know the improbable from the true,
the eagle is never born of the mouse.

Xenia I

1

Caro piccolo insetto
che chiamavano mosca non so perché,
stasera quasi al buio
mentre leggevo il Deuteroisaia
sei ricomparsa accanto a me,
ma non avevi occhiali,
non potevi vedermi
né potevo io senza quel luccichìo
riconoscere te nella foschia.

2

Senza occhiali né antenne,
povero insetto che ali
avevi solo nella fantasia,
una bibbia sfasciata ed anche poco
attendibile, il nero della notte,
un lampo, un tuono e poi
neppure la tempesta. Forse che
te n'eri andata così presto senza
parlare? Ma è ridicolo
pensare che tu avessi ancora labbra.

Xenia I

1

Little fly-like insect *mosca*
here beside me in the blue-dark,
you appeared while I was reading
Deutero-Isaiah,
but your myopic vision
was blurred as my telescoping
to find you in light grained like bark.

2

Without wings or antennae
your orbit was foreshortened,
the Bible losing its pages,
thumbed, riffled, exfoliated,
lightning rinsing an ink-black sky,
the storm imminent but withheld.
If you were its conductor,
you blazed a trail leaving me
with nerve-jabs of telepathy...

3

Al Saint James di Parigi dovrò chiedere
una camera 'singola'. (Non amano
i clienti spaiati). E così pure
nella falsa Bisanzio del tuo albergo
veneziano; per poi cercare subito
lo sgabuzzino delle telefoniste,
le tue amiche di sempre; e ripartire,
esaurita la carica meccanica,
il desiderio di riaverti, fosse
pure in un solo gesto o un'abitudine.

4

Avevamo studiato per l'aldilà
un fischio, un segno di riconoscimento.
Mi provo a modularlo nella speranza
che tutti siamo già morti senza saperlo.

5

Non ho mai capito se io fossi
il tuo cane fedele e incimurrito
o tu lo fossi per me.
Per gli altri no, eri un insetto miope
smarrito nel blabla
dell'alta società. Erano ingenui
quei furbi e non sapevano
di essere loro il tuo zimbello:
di esser visti anche al buio e smascherati
da un tuo senso infallibile, dal tuo
radar di pipistrello.

3

A single room in the Saint James in Paris,
so too in the mock Byzantine goldleaf
of your old hotel in Venice.
Alone now, I search the telephone booth's
intimate but alienating closet,
and whirr the finger-tarnished dial,   ·
tensing for your expectant voice.
At such moments death's only a half truth.

4

In secrecy we'd devised a whistle,
a mutual signal of recognition
for the next world. I'm practising it now
hoping we're already dead and don't know it.

5

I'll never know now if you thought of me
as your faithful distempered dog
heeling invisibly. To others
you were a pink-eyed myopic insect
ensnared in the champagne-popping ennui
of high society. Those mannequins
never perceived the perspicuity
with which you unmasked their trompe l'oeil hubris
with your bat's radar humming in the dark.

6

Non hai pensato mai di lasciar traccia
di te scrivendo prosa o versi. E fu
il tuo incanto – e dopo la mia nausea di me.
Fu pure il mio terrore: di esser poi
ricacciato da te nel gracidante
limo dei neòteroi.

7

Pietà di sé, infinita pena e angoscia
di chi adora il *quaggiù* e spera e dispera
di un altro... (Chi osa dire un altro mondo?).

. . . .

'Strana pietà...' (Azucena, atto secondo).

8

La tua parola così stenta e imprudente
resta la sola di cui mi appago.
Ma è mutato l'accento, altro il colore.
Mi abituerò a sentirti o a decifrarti
nel ticchettìo della telescrivente,
nel volubile fumo dei miei sigari
di Brissago.

6

You left no line of prose or poetry,
no improvisation. That was your charm,
and correspondingly my irritant.
Snagged on a rusty barb of self-loathing,
my fear was that you'd throw me back into
the croaking swamp-pool of neoterics.

7

I blow our whistle but you don't appear.
In Azucena's aria in the second act
the agonised pain of this dust-stormed world
is for those rooted here
who imagine the other world's elsewhere.

8

Your words, impulsive, equivocatory,
remain within my auditory memory,
only the accent's changed, the colour too.
Now I must learn how to decipher you
in the electric tick of the telex,
and in the blue spiralling smoke-rings
of my Brissago cigars.

9

Ascoltare era il solo tuo modo di vedere.
Il conto del telefono s'è ridotto a ben poco.

10

«Pregava?». «Sì, pregava Sant'Antonio
perché fa ritrovare
gli ombrelli smarriti e altri oggetti
del guardaroba di Sant'Ermete».
«Per questo solo?». «Anche per i suoi morti
e per me».
   «È sufficiente» disse il prete.

11

Ricordare il tuo pianto (il mio era doppio)
non vale a spenger lo scoppio delle tue risate.
Erano come l'anticipo di un tuo privato
Giudizio Universale, mai accaduto purtroppo.

9

Listening was your only way of seeing.
The telephone bill has diminished now.

10

If she prayed it was to Saint Anthony
to rescue umbrellas left on the train,
the ephemera of Hermes' cloakroom,
sometimes for those before us, sometimes me.
Prayer's how many minims of our death solution?...

11

Hysterical at times, I shared your storms;
the aftermath was unconstrained laughter.
These moods anticipated the screening
of your private Last Judgement, never shown;
only mirrors have access to our private lives.

12

La primavera sbuca col suo passo di talpa.
Non ti sentirò più parlare di antibiotici
velenosi, del chiodo del tuo femore,
dei beni di fortuna che t'ha un occhiuto omissis
spennacchiati.

La primavera avanza con le sue nebbie grasse,
con le sue luci lunghe, le sue ore insopportabili.
Non ti sentirò più lottare col rigurgito
del tempo, dei fantasmi, dei problemi logistici
dell'Estate.

13

Tuo fratello morì giovane; tu eri
la bimba scarruffata che mi guarda
'in posa' nell'ovale di un ritratto.
Scrisse musiche inedite, inaudite,
oggi sepolte in un baule o andate
al màcero. Forse le riinventa
qualcuno inconsapevole, se ciò ch'è scritto è scritto.
L'amavo senza averlo conosciuto.
Fuori di te nessuno lo ricordava.
Non ho fatto ricerche: ora è inutile.
Dopo di te sono rimasto il solo
per cui egli è esistito. Ma è possibile,
lo sai, amare un'ombra, ombre noi stessi.

Spring with its pinks arrives at a mole's pace.
They're still with me your obsessive topics –
the adverse effects of antibiotics,
the steel-pin riveted in your thigh-bone,
the operational aberrancies...

Spring's here again with its gull's feather mists,
long days that open doors into the sun...
Now I'll no longer hear your diver's breath
fighting the remorseless backwash of time.
If death's a logistic problem, your ghost's
an air-coloured balloon's weight above the lime.

13

Your brother died young, a leaf caught in flame.
You were the dishevelled child affecting
a cool composure looking out at me
from your oval portrait. He wrote music,
unheard, unpublished, if it still remains
it's yellowed in a lumber trunk, or been
unconsciously assimilated by someone
and reinterpreted. It's odd that he
who never knew me should be accorded
a quirky posthumous fame by the memories
I have from you. Love grows stronger with death.
Living, we're shadows blown out by a breath.

14

Dicono che la mia
sia una poesia d'inappartenenza.
Ma s'era tua era di qualcuno:
di te che non sei più forma, ma essenza.
Dicono che la poesia al suo culmine
magnifica il Tutto in fuga,
negano che la testuggine
sia più veloce del fulmine.
Tu sola sapevi che il moto
non è diverso dalla stasi,
che il vuoto è il pieno e il sereno
è la più diffusa delle nubi.
Così meglio intendo il tuo lungo viaggio
imprigionata tra le bende e i gessi.
Eppure non mi dà riposo
sapere che in uno o in due noi siamo una sola cosa.

14

They designate my poetry
as one of unbelonging, but it's yours,
you who've thinned out of form into the light.
They say that poetry synthesises
animation, but still deny that law
by which the tortoise is swifter than the thunderbolt.
You alone knew that motion is stasis;
the void a plenum of stars, the clear sky
the most diffuse of clouds.
By this I understand your long voyage
imprisoned in bandages and casts,
yet there's compensation in the thought
that one or together we're still alone.

Xenia II

1

La morte non ti riguardava.
Anche i tuoi cani erano morti, anche
il medico dei pazzi detto lo zio demente,
anche tua madre e la sua 'specialità'
di riso e rane, trionfo meneghino;
e anche tuo padre che da una minieffigie
mi sorveglia dal muro sera e mattina.
Malgrado ciò la morte non ti riguardava.

Ai funerali dovevo andare io,
nascosto in un tassì restandone lontano
per evitare lacrime e fastidi. E neppure
t'importava la vita e le sue fiere
di vanità e ingordige e tanto meno le
cancrene universali che trasformano
gli uomini in lupi.

Una tabula rasa; se non fosse
che un punto c'era, per me incomprensibile,
e questo punto *ti riguardava*.

Xenia II

Death didn't concern you.
Your dogs had died, so too the doctor
for the insane we nicknamed mad uncle,
and your mother with her frog risotto –
a Milanese idiosyncrasy;
and your father who now sits watching me
from his miniature, closed to what he sees.
You wanted no part in that mystery.

It was I who'd attend funerals,
cowed in a taxi, skirting the edges
of grief, viewing from the periphery.
Even life registered little with you –
its obsessive viri, vanity, greed,
and that universal concupiscence
which turns men into wolves.

A tabula rasa: except
for a point beyond my comprehension
which you called your own.

2

Spesso ti ricordavi (io poco) del signor Cap.
«L'ho visto nel torpedone, a Ischia, appena due volte.
È un avvocato di Klagenfurt, quello che manda gli auguri.
Doveva venirci a trovare».

E infine è venuto, gli dico tutto, resta imbambolato,
pare che sia una catastrofe anche per lui. Tace a lungo,
farfuglia, s'alza rigido e s'inchina. Conferma
che manderà gli auguri.
                              È strano che a comprenderti
siano riuscite solo persone inverosimili.
Il dottor Cap! Basta il nome. E Celia? Che n'è accaduto?

3

L'abbiamo rimpianto a lungo l'infilascarpe,
il cornetto di latta arrugginito ch'era
sempre con noi. Pareva un'indecenza portare
tra i similori e gli stucchi un tale orrore.
Dev'essere al Danieli che ho scordato
di riporlo in valigia o nel sacchetto.
Hedia la cameriera lo buttò certo
nel Canalazzo. E come avrei potuto
scrivere che cercassero quel pezzaccio di latta?
C'era un prestigio (il nostro) da salvare
e Hedia, la fedele, l'aveva fatto.

2

You'd often recall (I less) Mr Cap.
'Twice I met him on the bus at Ischia,
a lawyer from Klagenfurt, look his greeting card
says he would like to visit us.'

He came. I had to tell him everything.
Speechless, his mouth frozen in a rictus,
he gagged on silence then rose poker-stiff,
bowed and assured me he'd send his regards...

Only implausible people came to know you;
dear Dr Cap, demented Celia,
but what became of her?

3

It went missing, our rusty tin shoehorn,
our inveterate talisman brandished
even among pinchbeck and stucco statuettes.
Was it at the Danieli that I forgot
to give it asylum in my suitcase,
or was it Hedia our chambermaid
flicked it into the Canalazzo?...
How could I have written asking the return
of an inconsequential strip of tin,
and yet our lives balanced on that small thing
Hedia had saved as though it was a ring.

4

Con astuzia,
uscendo dalle fauci di Mongibello
o da dentiere di ghiaccio
rivelavi incredibili agnizioni.

Se ne avvide Mangàno, il buon cerusico,
quando, disoccultato, fu il randello
delle camicie nere e ne sorrise.

Così eri: anche sul ciglio del crepaccio
dolcezza e orrore in una sola musica.

5

Ho sceso, dandoti il braccio, almeno un milione di scale
e ora che non ci sei è il vuoto ad ogni gradino.
Anche così è stato breve il nostro lungo viaggio.
Il mio dura tuttora, né più mi occorrono
le coincidenze, le prenotazioni,
le trappole, gli scorni di chi crede
che la realtà sia quella che si vede.

Ho sceso milioni di scale dandoti il braccio
non già perché con quattr'occhi forse si vede di più.
Con te le ho scese perché sapevo che di noi due
le sole vere pupille, sebbene tanto offuscate,
erano le tue.

4

Emerging with temerity
from the furnace-throat of Etna
or the swordfish-jaw of ice-straits
your uncommon ability
to unmask was pronounced.

Our doctor Mangàno
was similar. Exposed as the whiphand
of the Black Shirt terrorists,
he smiled, contemplating his wrist.

You too on the edge of a precipice
combined terror and rightness in one music.

5

Your arm in mine, I've descended so many stairs,
and now your weightless absence unsettles
my steps. Our voyage was a brief matchflame...
Mine continues, only I've relinquished
bookings, timetables, our itinerary,
but mostly I've dispensed with those who think
reality's a rationalisation.

A lifetime facing steps, your frailty...
We were an odd insect beaming four eyes,
and yours although myopic were the true,
and focused where most cannot see.

6

Il vinattiere ti versava un poco
d'Inferno. E tu, atterrita: «Devo berlo? Non basta
esserci stati dentro a lento fuoco?».

7

«Non sono mai stato certo di essere al mondo».
«Bella scoperta, m'hai risposto, e io?».
«Oh il mondo tu l'hai mordicchiato, se anche
in dosi omeopatiche. Ma io...».

8

«E il Paradiso? Esiste un paradiso?».
«Credo di sì, signora, ma i vini dolci
non li vuol più nessuno».

6

The wine-seller watched the fire in the vine –
Inferno. You shrank enquiringly and said,
it's enough to have felt the blaze for a lifetime...

7

'I've never felt I belonged to this earth.'
'If that's so,' you replied, 'my grip's frailer?'

'You've savoured life in homeopathic
doses. But as for me I don't exist...'

8

'And Paradiso? Is there a paradise?'
'I think so, but sauternes are out of fashion.'

9

Le monache e le vedove, mortifere
maleodoranti prefiche,
non osavi guardarle. Lui stesso che ha mille occhi,
li distoglie da loro, n'eri certa.
L'onniveggente, lui…perché tu, giudiziosa,
dio non lo nominavi neppure con la minuscola.

10

Dopo lunghe ricerche
ti trovai in un bar dell'Avenida
da Liberdade; non sapevi un'acca
di portoghese o meglio una parola
sola: Madeira. E venne il bicchierino
con un contorno di aragostine.

La sera fui paragonato ai massimi
lusitani dai nomi impronunciabili
e al Carducci in aggiunta.
Per nulla impressionata io ti vedevo piangere
dal ridere nascosta in una folla
forse annoiata ma compunta.

9

They always frightened you, black processions,
nuns, widows, unceremonious mourners.
You thought that even the great seeing eye
shut tight in an eclipse at sight
of their contrast with the light.
                              Your discretion
had you refer to god in lower case.

10

That interminable search, then I found you
in a bar in the Avenida
da Libertade; you had no Portuguese
except for a single word, Madeira.
Your wine-glass was embellished with a shrimp.

That evening my work found comparison
with Carducci and those illustrious
Portuguese with unpronounceable names.
I watched you in your bar corner,
amused, diffident at my sudden fame.

11

Riemersa da un'infinità di tempo
Celia la filippina ha telefonato
per aver tue notizie. Credo stia bene, dico,
forse meglio di prima. «Come, crede?
Non c'è più?». Forse più di prima, ma...
Celia, cerchi d'intendere...

                    Di là dal filo,
da Manila o da altra
parola dell'atlante una balbuzie
impediva anche lei. E riagganciò di scatto.

12

I falchi
sempre troppo lontani dal tuo sguardo
raramente li hai visti davvicino.
Uno a Étretat che sorvegliava i goffi
voli dei suoi bambini.
Due altri in Grecia, sulla via di Delfi,
una zuffa di piume soffici, due becchi giovani
arditi e inoffensivi.

Ti piaceva la vita fatta a pezzi,
quella che rompe dal suo insopportabile
ordito.

11

Resurfacing into the field of time,
Celia telephoned. She is well, I say,
her presence seems more real, more composite,
and she, 'I take it that she's somewhere else'...
How can I explain she is anyway.
From the end of the wire a mosquito
buzz tells me you've hung up. I speak to the air.

12

Hawks, up high, telescoping,
always outside of the range of your sight.
But there were others, one at Etretat,
eyeing the flustered nose-dives of its young,
and two above the Delphic Way,
as yet, no concentration in their flight,
a scuffle of soft feathers, harmless beaks.

You liked life torn to shreds;
the circuit smashed, holes in the web,
escape from the inexorable net.

13

Ho appeso nella mia stanza il dagherròtipo
di tuo padre bambino: ha più di un secolo.
In mancanza del mio, così confuso,
cerco di ricostruire, ma invano, il tuo pedigree.
Non siamo stati cavalli, i dati dei nostri ascendenti
non sono negli almanacchi. Coloro che hanno presunto
di saperne non erano essi stessi esistenti,
né noi per loro. E allora? Eppure resta
che qualcosa è accaduto, forse un niente
che è tutto.

14

L'alluvione ha sommerso il pack dei mobili,
delle carte, dei quadri che stipavano
un sotterraneo chiuso a doppio lucchetto.
Forse hanno ciecamente lottato i marocchini
rossi, le sterminate dediche di Du Bos,
il timbro a ceralacca con la barba di Ezra,
il Valéry di Alain, l'originale
dei Canti Orfici – e poi qualche pennello
da barba, mille cianfrusaglie e tutte
le musiche di tuo fratello Silvio.
Dieci, dodici giorni sotto un'atroce morsura
di nafta e sterco. Certo hanno sofferto
tanto prima di perdere la loro identità.
Anch'io sono incrostato fino al collo se il mio
stato civile fu dubbio fin dall'inizio.
Non torba m'ha assediato, ma gli eventi
di una realtà incredibile e mai creduta.
Di fronte ad essi il mio coraggio fu il primo
dei tuoi prestiti e forse non l'hai saputo.

13

Your father as a child – the daguerreotype's
a moth-beige nineteenth-century sepia.
It's there as a reminder of my lack
of pedigree.
I try to scan yours like a tree-climbing ivy;
but we're not horses, we lack a stud book,
and those who claim a part in the genealogy
are as non-existent as we to them.
But something gave a continuity –
the pool rises from the capricious shower.

14

The rising flood's floated the furniture,
paintings, coloured maps, papers double-locked
in an underworld cellar.
Perhaps they staged their own naumachia,
the red Moroccan volumes and Du Bos'
interminable dedications, the red wax stamp
of Ezra's beard, Alain's Valéry,
the original of the Canti Orfici,
hairless shaving brushes, ephemera,
and all your brother Silvio's music.
Filmed over by gasoline for two weeks,
they fought the loss of their identity.
I too, can scarcely break the waterline,
my civil status always dubious.
It's not the flood that's dislodged me, rather
a lifetime's disbelief in reality.
My courage in facing it was your own.
Even if you knew it you couldn't see.

Gli uomini che si voltano

Probabilmente
non sei più chi sei stata
ed è giusto che così sia.
Ha raschiato a dovere la carta a vetro
e su noi ogni linea si assottiglia.
Pure qualcosa fu scritto
sui fogli della nostra vita.
Metterli controluce è ingigantire quel segno,
formare un geroglifico più grande del diadema
che ti abbagliava.
Non apparirai più dal portello
dell'aliscafo o da fondali d'alghe,
sommozzatrice di fangose rapide
per dare un senso al nulla. Scenderai
sulle scale automatiche dei templi di Mercurio
tra cadaveri in maschera,
tu la sola vivente,
e non ti chiederai
se fu inganno, fu scelta, fu comunicazione
e chi di noi fosse il centro
a cui si tira con l'arco dal baraccone.
Non me lo chiedo neanch'io. Sono colui
che ha veduto un istante e tanto basta
a chi cammina incolonnato come ora
avviene a noi se siamo ancora in vita
o era un inganno crederlo. Si slitta.

Backward Glance

You turn around and it's another century.
You've changed, the dusted sandpaper's
rubbed each prominent line thinner,
yet words were written on the page of life
and still, magnified by the light define
a hieroglyphic sign, its blaze clearer
than any diadem which blinded you...
The moment won't recur: your tiny form
emerging from a lit hovercraft hatch
or come up from skindiving trailing weed
from the ripcurrent's evidence of how
dimensions interact. Perhaps in time
you'll ascend escalators to temples
and walk as one living with the masked dead,
unsure if the procession's illusion,
choice or a dictate your psyche answered.
And how determine who is the bull's eye
marked out for the inexorable arrow?
Knowledge is given in a bright instant;
we open the segments of the orange,
and realise that walking in this life
we never know if we're alive or dead.
Nothing's stable. The word dries on the change...

Dopo una fuga

C'erano le betulle, folte, per nascondere
il sanatorio dove una malata
per troppo amore della vita, in bilico
tra il tutto e il nulla si annoiava.
Cantava un grillo perfettamente incluso
nella progettazione clinica
insieme col cucù da te già udito
in Indonesia a minore prezzo.
C'erano le betulle, un'infermiera svizzera,
tre o quattro mentecatti nel cortile,
sul tavolino un album di uccelli esotici,
il telefono e qualche cioccolatino.
E c'ero anch'io, naturalmente, e altri
seccatori per darti quel conforto
che tu potevi distribuirci a josa
solo che avessimo gli occhi. Io li avevo.

After a Flight

1

Behind a screen of silver birch
a sanatorium window frames someone
broken by an excess of life and now
kicking dust on the chalkline to the void.
The deadmarch of their days ends in boredom.
Outside a cricket and a cuckoo punctuate
the silence, while a Swiss nurse dominates
a group of inmates scuffing the courtyard.
An album of tropical birds, a telephone
and chocolates personalised your bedside table.
I sat with your other incredulous
visitors, blind to learn from the dictates
of your suffering. We're so alone...

* * *

Il tuo passo non è sacerdotale,
non l'hai appreso all'estero, alla scuola
di Jacques-Dalcroze, più smorfia che rituale.
Venne dall'Oceania il tuo, con qualche
spina di pesce nel calcagno. Accorsero
i congiunti, i primari, i secondari
ignari che le prode corallifere
non sono le Focette ma la spuma
dell'aldilà, l'exit dall'aldiqua.
Tre spine nel tuo piede, non tre pinne
di squalo, commestibili. Poi venne
ad avvolgerti un sonno artificiale.
Di te qualche susurro in teleselezione
con un prefisso lungo e lagne di intermediari.
Dal filo nient'altro, neppure un lieve passo felpato
dalla moquette. Il sonno di un acquario.

2

Your walk, part affectation, part ritual,
is drawn from the fish-boned heels of Oceania
and not the fashionable school of Jacques-Dalcroze.
The doctors thought that the bone in your foot
came from the coral reefs of Le Focette
where sharks periscope triangular fins...
When the drug hit you, your long distance calls
tremored like a swallow upon the wire,
a voice lost in the international whirl
of callers. Nothing but disembodied notes
then your sinking back into an aquarium.

* * *

Gli Amerindi se tu
strappata via da un vortice fossi giunta laggiù
nei gangli vegetali in cui essi s'intricano
sempre più per sfuggire l'uomo bianco,
quei celesti ti avrebbero inghirlandata
di percussivi omaggi anche se non possiedi
i lunghi occhi a fessura delle mongole.
Tanto tempo durò la loro fuga: certo
molte generazioni. La tua, breve,
ti ha salvata dal buio o dall'artiglio
che ti aveva in ostaggio. E ora il telefono
non è più necessario per udirti.

3

Dragged by a vortex to the vegetable
roots, you would have encountered the Amerinds,
oracular bushmen fleeing the white man's
ineradicably destructive mind.
They would have regaled you with flower garlands
despite the absence of the black slit eyes
of Mongolian women. Your flight's shorter
than the dust-trail they perennially raise
through the relay team of generations.
Your own downward spiral was a match-flash
liberated from the claw, the dark.
We hear you now without a telephone.

* * *

La mia strada è passata
tra i demoni e gli dèi, indistinguibili.
Era tutto uno scambio di maschere, di barbe,
un volapük, un guaranì, un pungente
charabia che nessuno poteva intendere.
Ora non domandarmi perché t'ho identificata,
con quale volto e quale suono entrasti
in una testa assordita da troppi clacson.
Qualche legame o cappio è giunto fino a me
e tu evidentemente non ne sai nulla.
La prima volta il tuo cervello pareva
in evaporazione e il mio non era migliore.
Hai buttato un bicchiere dalla finestra,
poi una scarpa e quasi anche te stessa
se io non fossi stato vigile lì accanto.
Ma tu non ne sai nulla: se fu sogno
laccio tagliola è inutile domandarselo.
Anche la tua strada sicuramente
scavalcava l'inferno ed era come
dare l'addio a un eliso inabitabile.

4

My road was lined with both gods and demons,
their changing theriomorphic masks and beards –
a Volapük, a Guaraní, a Charabia,
incomprehensible, flitting figments...
I thought I saw you in the latter face,
my own head palpitating with klaxons.
Some telepathic wire or noose flicked me,
your head was deliquescent, mine followed;
the sequence escalated, first a glass
and then a shoe were thrown from the window
from which you'd contemplated extinction.
You had no idea this had registered
on my brain monitor, dream, noose or trap,
it's more than clear your own road went through hell.
In Elysium they were ringing an alarm-bell.

* * *

Mentre ti penso si staccano
veloci i fogli del calendario. Brutto
stamani il tempo e anche più pestifero
il Tempo. Di te il meglio
esplose tra lentischi rovi rivi
gracidìo di ranocchi voli brevi
di trampolieri a me ignoti (i Cavalieri
d'Italia, figuriamoci!) e io dormivo
insonne tra le muffe dei libri e dei brogliacci.
Di me esplose anche il pessimo: la voglia
di risalire gli anni, di sconfiggere
il pièveloce Crono con mille astuzie.
Si dice ch'io non creda a nulla, se non ai miracoli.
Ignoro che cosa credi tu, se in te stessa oppure
lasci che altri ti vedano e ti creino.
Ma questo è più che umano, è il privilegio
di chi sostiene il mondo senza conoscerlo.

5

The pages of the calendar yellow.
Thinking of you they drop like autumn leaves...
I see you explode among mastic trees,
streams bordered by unruly blackberries,
the foghorn croak of frogs, gusts of stilt-birds.
I'm propped up by a musty pile of books
viewing the foul weather, its rain-drenched lees.
Part of me exploded too, my childish
desire to retrogress, to outrun time
and double back on obliterated tracks.
For me, my one faith's the miraculous;
the rest is nothing. Perhaps your belief
is in a self others fashion for you,
that rare privilege of one who sustains
a world they've never needed to create
which quietly goes on spinning in the blue.

* * *

Quando si giunse al borgo del massacro nazista,
Sant'Anna, su cui gravita un picco abrupto,
ti vidi arrampicarti come un capriolo
fino alla cima accanto a un'esile polacca
e al ratto d'acqua, tua guida, il più stambecco di tutti.
Io fermo per cinque ore sulla piazza
enumerando i morti sulla stele, mettendomici
dentro ad honorem ridicolmente. A sera
ci trasportò a sobbalzi il fuoribordo
dentro la Burlamacca,
una chiusa di sterco su cui scarica
acqua bollente un pseudo oleificio.
Forse è l'avanspettacolo dell'inferno.
I Burlamacchi, i Caponsacchi…spettri
di eresie, di illeggibili poemi.
La poesia e la fogna, due problemi
mai disgiunti (ma non te ne parlai).

6

You can still hear the abrupt massacre
at Sant Anna, the Nazi bullets fired,
the villagers stuck like pigs. On that peak
I glimpsed your roebuck's balance,
the Polish woman nudging at your coat,
your cicerone a bristling water-rat...
Waiting for you I traced the monument's
inventoried dead, my name cut in a niche?...
Then later a grizzled outboard motor
coughed us all the way to Burlamacca –
a beaver's dam steaming like a refinery,
sewage floating to an imagined hell...
I didn't talk to you of poetry,
like sewage it's mostly unscannable;
I let the backwash bind us with its spell.

* * *

Tardivo ricettore di neologismi
nel primo dormiveglia ero in dubbio
tra Hovercraft e Hydrofoil,
sul nome del volatile su cui intendevo involarti
furtivamente; e intanto tu eri fuggita
con un buon topo d'acqua di me più pronto
e ahimè tanto più giovane. Girovagai lentamente
l'intera lunga giornata e riflettevo
che tra re Lear e Cordelia non corsero tali pensieri
e che crollava così ogni lontano raffronto.
Tornai col gruppo visitando tombe
di Lucumoni, covi di aristocratici
travestiti da ladri, qualche piranesiana
e carceraria strada della vecchia Livorno.
M'infiltrai nei cunicoli del ciarpame. Stupendo
il cielo ma quasi orrifico in quel ritorno.
Anche il rapporto con la tragedia se ne andava ora in fumo
perché, per soprammercato, non sono nemmeno tuo padre.

7

Half awake, gagging for an unknown word,
was it hovercraft or hydrofoil
I needed for a secret march on you?
But you'd already fled, your bronzed young man
was half my age and nimble as a goat.
I lazed the day through reflecting that Lear
and Cordelia suffered no such problem,
and mooned around the tombs of Lucumos,
the Piranesi streets of old Leghorn.
The sky was gentian, no tragedians
consoled the blinding self-truth of my age;
I couldn't even claim to be your father.

* * *

Non posso respirare se sei lontana.
Così scriveva Keats a Fanny Brawne
da lui tolta dall'ombra. È strano che il mio caso
si parva licet sia diverso. Posso
respirare assai meglio se ti allontani.
La vicinanza ci riporta eventi
da ricordare: ma non quali accaddero,
preveduti da noi come futuri
sali da fiuto, ove occorresse, o aceto
dei sette ladri (ora nessuno sviene
per quisquilie del genere, il cuore a pezzi o simili).
È l'ammasso dei fatti su cui avviene l'impatto
e, presente cadavere, l'impalcatura non regge.
Non tento di parlartene. So che se mi leggi
pensi che mi hai fornito il propellente
necessario e che il resto (purché *non sia* silenzio)
poco importa.

8

Everytime you go away I cough blood,
so Keats to Fanny Brawne, he made her name,
her scales shimmer in the posthumous net...
I too can only breathe when you're away,
nearness makes our memories shooting stars,
things lose their fixity or we forget
what really mattered. We accumulate
too much; the thought striking leaves a crater
in the summit; the planking cannot hold
a past that burns through the present fabric.
If you should read me, you'd think it's enough
your stimulus has fired my lines, hit nerves
that make our own resolve miniscular.
We defy silence, words are always there.

AUTHORS PUBLISHED BY

BLOODAXE BOOKS

*For a complete list of poetry, fiction, drama and photography books
published by Bloodaxe, please write to:*

**Bloodaxe Books Ltd, P.O. Box 1SN,
Newcastle upon Tyne NE99 1SN.**